Annette Jantzen

Wenn Gott zum Kaffee kommt

Annette Jantzen

Wenn Gott zum Kaffee kommt

echter

Bibliografische Information der Deutschen Nationalbibliothek

Die Deutsche Nationalbibliothek verzeichnet diese Publikation in der Deutschen Nationalbibliografie; detaillierte bibliografische Daten sind im Internet über <http://dnb.d-nb.de> abrufbar.

Gedruckt auf umweltfreundlichem, chlorfrei gebleichtem Papier.

5. Auflage 2025

Echter Verlag | Dominikanerplatz 8 | 97070 Würzburg
Tel. 0931 66068-0 | info@echter-verlag.de

Umschlag: Vogelsang Design, Jens Vogelsang, Aachen
(Umschlagfoto: Shutterstock 664918360 / Anna Efetova)
Innengestaltung: Crossmediabureau
Druck und Bindung: Friedrich Pustet, Regensburg

ISBN
978-3-429-05701-5
978-3-429-05184-6 (PDF)
978-3-429-06571-3 (ePub)

Inhalt

Einleitung

„Gott und ich“ begleitet mich nun schon einige Jahre. Ich bin Theologin und arbeite als Geistliche Leiterin des BDKJ (Bund der Deutschen Katholischen Jugend) – das ist der Dachverband der katholischen Kinder- und Jugendverbände – und als regionale Frauenseelsorgerin im Bistum Aachen. Privat bin ich in der 2010 gegründeten katholischen Aachener Gemeinde „Zeitfenster“ unterwegs. In dieser weitgehend ehrenamtlich gestalteten Gemeinde suchen wir vor allem nach einer verständlichen, relevanten Glaubenssprache für heute. In all diesen Zusammenhängen entstehen immer wieder Gott-und-ich-Geschichten. Als Ursprungstext sprechen sie jeweils in eine konkrete Situation hinein und spielen an einem bestimmten Ort. Diese Situationen kommen mehr oder weniger explizit in den Geschichten zur Sprache, wenn ich aufgreife, was die Menschen beschäftigt, die so ein Zwiegespräch dann als Impulstext vor einer Tagung, bei einer Aktion oder auch in einem Gottesdienst hören.

Die folgenden Geschichten sind in einem katholischen Kontext entstanden. Die Benachteiligung von Frauen in der Kirche, die Diskriminierung von gleichgeschlechtlich liebenden Menschen, auch der Skandal um sexualisierte Gewalt bilden mehrfach den Hintergrund, vor dem die Dialoge spielen, ebenso wie bei den späteren Geschichten die Pandemie-Situation.

Auch Aachener Orte scheinen immer wieder durch: Die Topographie, wenn der Boxgraben als eine der Straßen mit großer Steigung benannt wird, auf der man beim Herunterfahren mit dem Rad richtig schnell werden kann, der Dom, und natürlich die Magnolie am Dom, deren Blühen zum Frühling in Aachen einfach dazugehört. Aachener Lokalereignisse wie die Diskussionen um die Verkehrssituation kommen vor, ebenso der Braunkohletagebau ganz in der Nähe.

Und es gibt Settings, die sich durch das Buch ziehen: dass ich nahezu ausschließlich mit dem Fahrrad unterwegs bin, dass Gott gern Kerzchen in der Kirche anzündet und bei mir meistens auf dem Küchentisch sitzt, am liebsten Espresso oder Altbier trinkt und Kekse mag, und Gottes Lieblingskaffeebecher, der einen festen Platz in meinem Küchenschrank hat.

Die Anordnung der Geschichten folgt annähernd der Reihenfolge ihres Entstehens. Gott und ich haben eine Weile gebraucht, um uns an regelmäßige Gespräche zu gewöhnen. (Ich höre Gott schon ergänzen, dass ja wohl ich diejenige gewesen sei, die eine Weile gebraucht habe. Das mag stimmen) Daraus erklärt sich, warum manche vor allem der vorderen Geschichten traumähnliche Anklänge haben und eher grundsätzliche Fragen behandeln und die hinteren Gespräche alltäglicher daherkommen.

Offen geblieben ist bislang, ob für Gott männliche oder weibliche grammatikalische Formen gelten. Darum kommen solche eindeutigen Formen in der Verschriftlichung der Gespräche auch nicht vor.

Das erste Gespräch

„Hallo“, sagt Gott.

Ich stehe auf dem Aussichtsturm am Dreiländereck und Gott lehnt ziemlich lässig neben mir am Geländer.

„Oh, hallo Gott“, sag ich. „Das ist ja mal eine Überraschung.“

„Wieso?“, fragt Gott.

„Na dich so nah hier bei mir zu haben“, sag ich.

„Für dich vielleicht“, sagt Gott. „Für mich nicht, ich war immer schon da.“

„Guck mal“, sag ich und zeige Richtung Stadt. „Da wohne ich.“

„Ich weiß“, sagt Gott.

„Hätte ich drauf kommen können“, sag ich.

„Ja“, sagt Gott. „Lass uns doch mal häufiger treffen. Zum Reden und so.“

„Und worüber kann ich so mit dir reden?“, frag ich.

„Über alles natürlich“, sagt Gott.

„Oh“, sag ich. „Das stell ich mir schön vor.“

Gott lächelt.

„Ich mir auch“, sagt Gott.

„Bist du so eine Art imaginärer Freund?“, frag ich.

„Oder imaginäre Freundin“, sagt Gott. „Nee, ich bin doch Gott.“

„Aber ...“, setze ich an.

„Mach dir mal keine Sorgen um meine Wirklichkeit“, sagt Gott. „Da kannst du Löffel drum biegen, wenn du Lust dazu hast.“

„Also ich denk mir das nicht nur aus“, sag ich.

„Du wirst es herausfinden“, sagt Gott.

„Erstaunlich, dass ich mit dir reden kann“, sag ich.

„Wie gesagt – für mich nicht“, sagt Gott.

„Ich denke mir manchmal, wir sagen das zwar immer so mit dem gottebenbildlich“, sag ich, „aber es gibt doch so viele verschiedene Menschen, welche Gestalt hast du denn?“

„Dir ist aber schon klar, dass es dabei nicht ums Aussehen geht, oder?“, fragt Gott. „Aber um deine Frage zu beantworten: Ich bin da flexibel.“

„Weil, du bist ja kein Mensch“, sag ich.

„Nee“, sagt Gott.

„Aber du redest mit mir wie ein Mensch“, sag ich.

„Ja“, sagt Gott. „Weil du einer bist. Damit du mich hören kannst. Wenn du eine Fledermaus wärst, würde ich halt mit Ultraschall-Stimme sprechen.“

„Aber eigentlich höre ich dich ja nicht mit den Ohren“, sag ich.

„Hauptsache, du verstehst mich trotzdem“, sagt Gott.

„Also du bist da, und ich kann mit dir reden, und du bist gleichzeitig Gott-über-allem“, sag ich.

„Prima, du machst Fortschritte“, sagt Gott. „Wenn das mal kein guter Anfang ist.“

Ich lasse meinen Blick über den Wald und die Stadt schweifen.

„Du musst so groß sein“, sag ich, „wenn du uns alle kennst.“

„Klar“, sagt Gott. „Und für dich bin ich genau richtig. Und bevor du fragst: Du bist für mich auch genau richtig.“

„Danke“, sag ich.

„Dann mach es mal gut“, sagt Gott. „Wir sprechen uns dann in Zukunft öfter.“

„Ich freue mich drauf“, sag ich.

„Ich mich auch“, sagt Gott. „Bis bald mal wieder, und Amen.“

Ein dickes Brett

„Boah, das hat aber lange gedauert“, sagt Gott, als ich in die Küche komme, und prostet mir mit einer Flasche Alt zu.

Ich lege das Handy ab und massiere mir mein Ohr.

„Ich hab mich schon mal bedient“, sagt Gott.

„Hast du nachgelegt?“, frag ich.

„Klar“, sagt Gott. „Worum ging es denn so lange?“

„Ach, kirchliche Veränderungsprozesse“, sag ich und fange an, das Geschirr neben der Spüle einzuräumen.

Gott legt sich eine Hand über die Augen.

„Nicht schon wieder“, sagt Gott. „Beziehungsweise nicht immer noch. Ist euch langweilig?“

„Wir versuchen deine Kirche gerechter zu machen“, sag ich. „Das ist halt ein dickes Brett.“

„Das ist kein dickes Brett, das ist ein ewiger Stuhlkreis*“, sagt Gott. „Dabei geht es doch eigentlich nur um die Fähigkeit zum Brotbrechen, oder? Das solltest du doch können.“

„Darf ich aber nicht“, sag ich, stelle Gottes Lieblingskaffeebecher in den Küchenschrank und schließe die Tür.

„Warum nicht?“, fragt Gott.

„Ich habe doch Blutgruppe O“, sag ich über die Schulter, während ich mir auch ein Bier hole.

„Du redest wirr“, sagt Gott und verschluckt sich fast.

„Na ja“, sag ich, „das ist ein bisschen kompliziert“, und setze mich zu Gott auf den Küchentisch.

---

* Hier hat Gott zitiert: Werner Kleine, Der ewige Stuhlkreis, veröffentlicht bei www.dei-verbum.de am 01.10.2018.

„Davon gehe ich aus", sagt Gott.

„Du kennst doch Hostienwunder", fange ich an. „Prost."

Gott guckt verwirrt.

„Da klingelt leise was", sagt Gott. „Aber das ist eher etwas für die Bühne der großen peinlichen Erinnerung von der Betriebsweihnachtsfeier."

„Hostienwunder sind, wenn die Hostie in der Messe anfängt zu bluten", sag ich.

„Das ist ein bisschen eklig", sagt Gott. „Muss das sein?"

„Ich glaub nicht", sag ich. „Aber die Kirche hat solche Wunder untersucht und als Wunder anerkannt."

„Wunder untersuchen", sagt Gott kopfschüttelnd. „So was kriegt auch nur ihr hin. Entweder ihr glaubt an ein Wunder oder ihr untersucht es. Aber ein Wunder untersuchen, wozu soll das denn gut sein? Wollt ihr Beweise? Und wenn ihr sie habt, braucht ihr dann nicht mehr zu glauben?"

„Also", sag ich, „bei allen Hostienwundern hatte das Blut die Blutgruppe AB. Die ist voll selten, nur 4 Prozent der Menschen laufen damit rum. Und das kann ja nur heißen, dass Jesus die Blutgruppe AB hatte. Und dann können auch nur Menschen mit der Blutgruppe AB an seiner Stelle das Brot brechen."

„Das ist nicht dein Ernst", sagt Gott.

„Nein, nein", sag ich.

„Boah, echt mal", sagt Gott. „Mir so einen Schreck einzujagen. Du hast mich echt voll hochgenommen, was?"

„Nicht ganz", sag ich. „Die Blutgruppe muss nicht stimmen, aber der Chromosomensatz. Menschen mit zwei X-Chromosomen dürfen nicht Priester sein. Nur die mit XY. Weil Jesus auch XY hatte. Und ich hab halt zwei X."

„Ich habe das dumpfe Gefühl", sagt Gott, „dass dieses Argument weniger zwingend wäre, wenn ich mit zwei X Mensch geworden wäre."

„Warum bist du nicht?", frag ich.

„Heimatland", sagt Gott. „Menschwerden ist kompliziert genug und irgendwer meckert hinterher immer."

„Das mag sein", sag ich.

„Chromosomensätze", grummelt Gott vor sich hin. „Das ist doch alles völlig abgespaced."

„Es ist ja wohl deine Kirche", setze ich an.

„Ja, ja", sagt Gott. „Wirf mir nicht schon wieder vor, dass ich mich halt mehr hätte kümmern müssen. Ich weiß es doch. Ich dachte halt, ihr seid selber groß und kriegt das schon hin. Aber ehrlich, ihr seid auch echt gut drin, komplett zu ignorieren, was sehr eindeutig in der Bibel steht, und euch dafür minutiös an das zu halten, was nicht drinsteht."

„Meinst du das mit dem ‚Ihr sollt keinen Eid schwören'?", frag ich.

„Zum Beispiel", sagt Gott. „Oder dass ihr immer so tut, als sei ich als Mensch ein Einzelkind gewesen, dabei steht in der Bibel, dass Maria mindestens siebenfache Mutter war. Aber ‚du sollst keine Frauen weihen' steht da nirgendwo, und was ist? Da werdet ihr dann auf einmal ganz-ganz genau."

„Hm", sag ich.

„Weißt du, was ich nicht verstehe?", fragt Gott.

„Sag an", sag ich.

„Warum arbeitet ihr euch daran noch ab?", fragt Gott.

„Wer wir?", frag ich.

„Ihr Ladys", sagt Gott. „Ihr könntet so froh sein, dass ihr wählen dürft und selbst entscheiden könnt, ob und wann ihr Kinder bekommt, ob und wen ihr heiraten wollt, welchen Beruf ihr haben wollt. Ihr könntet Bundeskanzlerin werden oder Kapitänin auf einem Seenotrettungsboot. Und dann lasst ihr euch in der Kirche auf die hinteren Plätze verweisen."

„In der Kirche sitzen immer alle zuerst auf den hinteren Plätzen", sag ich.

„Ja, ja", sagt Gott ungeduldig. „Ich weiß. Das ist übrigens ziemlich nervig. Aber echt mal, ihr könnt so viel mehr sein als die drei Aggregatzustände, die die Jungs für euch vorgesehen haben."

„Häh?", frag ich.

„Die Intelligenz eines Menschen erkennt man daran, wie sie ihre Fragen stellt", sagt Gott.

„Na du bist heute ja mal ein Sonnenschein", sag ich. „Was für Aggregatzustände?"

„Jungfrau, Braut und Mutter", sagt Gott. „Mehr gibt's da doch nicht für euch, so offiziell."

„Ey, es gibt auch voll berühmte Frauen in der Kirche, die echt was erreicht haben", sag ich. „Katharina von Siena, Theresa von Avila ..."

Gott macht ein Geräusch zwischen Husten und Lachen.

„Da weiß man echt nicht, ob man lachen oder weinen soll", sagt Gott. „Wenn es danach geht, wer in solchen Aufzählungen vorkommt, dann gab es in den letzten 2000 Jahren in der Kirche ungefähr fünf Frauen! Und ihr feiert es ab, wenn mal versehentlich eine sechste ausgegraben wird."

Gott holt sich ein neues Alt aus dem Kühlschrank.

„Nachlegen!", sag ich.

„Jaja", sagt Gott und setzt sich zurück auf den Tisch.

„Meinst du echt, wir sollten sie vor die Wand fahren lassen?", frag ich.

„Ich weiß nicht, ob ihr eine Wahl habt", sagt Gott, „wenn ihr bei einem großen Tanker den Kurs ändern wollt, ohne auf die Brücke zu dürfen. Um es mal einfach auszudrücken, ihr seid echt voll co-abhängig von diesem Männerzirkus in Frauenkleidern."

Gott fischt einen zerbrochenen Keks aus der fast leeren Packung, die auf dem Tisch liegt.

„Vielleicht hat das was mit der religiösen Muttersprache zu tun", sag ich. „Versuch mal erst, aus einer Sprache auszuziehen."

„Wie meinst du das?", fragt Gott kauend.

„Katholisch ist die Sprache, in der ich mit dir reden kann", sag ich. „Und das lass ich mir nicht wegnehmen."

„O.k.", sagt Gott. „Das ist ein Geltungsbereich."

Gott steht auf und legt tatsächlich ein Alt nach in den Kühlschrank. Ich gucke anerkennend, das tut Gott nämlich nur sehr selten.

„Aber die Welt ist so groß und es gibt so viel zu entdecken", sagt Gott und nimmt den letzten Schluck aus der Flasche. „Und ich rede mit dir auch echt gern über anderes als immer nur über mich und meine Kirche."

Unter dem Fenster fängt ein Straßenmusiker an zu spielen. Gott hält inne.

„Das ist aber schön", sagt Gott und stellt die Flasche ab. „Komm, das will ich mir aus der Nähe anhören."

Gott ist so schnell, dass ich mich beeilen muss, um hinterherzukommen, nachdem ich die Tür zugezogen habe. Unten steht tatsächlich ein Flügel, den der Pianist mit einem umfunktionierten Tandem transportiert hatte. Wir hören zu, wie er bekannte Melodien improvisiert. „Das Leben ist so schön", sagt Gott nach einer Weile leise. „Weißt du, ich wünsch mir für euch eigentlich nichts mehr, als dass ihr das Leben lieben könnt."

„Manchmal wäre es halt gut, wenn wir mehr davon wüssten, dass du an unserer Seite bist", sag ich.

„Dann macht euch doch gegenseitig Mut", sagt Gott. „Bildet Banden! Tanzt, tretet in eine Partei ein oder redet wenigstens mit anderen mal über das, was euch wirklich wichtig ist. Und feiert einfach, egal wo. Da bin ich dann auch dabei, da hab ich nämlich voll Lust drauf."

„Aber es wäre doch auch schön, wenn wir damit auch in deiner Kirche Platz hätten", sag ich.

„Jo", sagt Gott. „Dann besorg dir mal einen großen Vorrat an richtig, richtig guten Bohrköpfen zum Wechseln."

„Du meinst, für ein richtig, richtig dickes Brett?", frag ich.

„So ist es", sagt Gott. „Und bitte, wenn du schon dabei bist, sage deinen Leuten, dass es keinen Spaß macht, immer nur mit ‚Herr' angesprochen zu werden. Sie möchten mal ein bisschen kreativer werden, sie haben es schließlich mit mir zu tun."

„Puh", sag ich. „Du hast vielleicht Nerven."

„Ja", sagt Gott. „Weil ihr meine Ladys seid und zu meinem Team gehört. Ihr macht das schon."

„Meinst du?", frag ich.

„Aber so was von", sagt Gott. „Mach's mal gut, ich muss weiter. Danke für das Alt."

„Bitte, gern", sag ich. „Bis bald mal wieder. Und Amen."

Revolutionärin Maria

Der Ökumenische Christinnenrat lädt an Katholikentagen, Evangelischen und Ökumenischen Kirchentagen jeweils zum Frauengottesdienst ein. Beim Evangelischen Kirchentag in Berlin 2017 stand dieser Gottesdienst unter dem Thema „Maria".

Ich habe gerade meinen Teller nach einem ziemlich späten Abendessen in die Spüle gestellt, da klingelt es. Vor der Tür steht Gott mit einem Sixpack Altbier unter dem Arm und sagt: „Guten Abend, ich würde gerne mit dir über mich sprechen."

„Ach Gott", sag ich und halte die Tür auf. „Du bist es. Komm rein. Ich hoffe, Du machst das nicht bei anderen, die müssen ja denken, du hast nicht mehr alle Dornen an der Hecke."

„Hehe, kleiner Scherz am Rande", sagt Gott, setzt sich auf den Küchentisch und macht sich ein Bier auf.

„Hast du in letzter Zeit eigentlich mal was von Maria gehört?", fragt Gott und gibt mir auch eins.

„Nein", sag ich, „warum?"

„Ach", sagt Gott, „ich hab den Eindruck, sie könnte mal wieder mehr von sich reden machen. Mir fehlt ein bisschen die Frauenpower in meinem Laden."

„Na hör mal", sag ich, „das ist doch wohl dein eigener Job, oder nicht?"

Gott nimmt einen Schluck Bier und guckt verlegen.

„Willst du mir sagen, dass deine Leute das immer noch nicht auf der Kette haben, dass du kein Typ bist?", frag ich. „Prost übrigens."

„Hrmpf", sagt Gott.

„Oh", sag ich.

„Genau", sagt Gott.

„Mensch Gott", sag ich, „du hast es aber auch nicht leicht mit deiner Kirche."

„Nein", sagt Gott. „Aber das Gute am Gottsein ist ja, dass ich weiß, dass das nicht immer so bleiben wird."

„Also du und deine Kirche, das ist aber auch echt ein Treppenwitz der Weltgeschichte", sage ich. „Warum genau hast du nochmal eine Kirche haben wollen, wenn sie dann nicht so aussieht, wie du sie gerne hättest, und warum wollten deine Leute nochmal ausgerechnet dich als Gott, wenn du eigentlich gar nicht so bist, wie sie es gerne hätten?"

„Ach, du weißt doch, wie das ist", seufzt Gott. „Irgendwann kommt man aus so 'ner Nummer nicht mehr raus."

Ich gucke.

„Ja, du hast ja recht", sagt Gott widerstrebend, „ich hab da wohl bei der einen oder anderen Filiale ein bisschen was schleifen lassen. Aber echt mal, da muss man auch erst einmal drauf kommen, dass es für die eigenen Leute so unglaublich wichtig sein kann, ob jemand im Stehen oder im Sitzen pinkelt. Das ist mir doch so dermaßen egal."

„Du musst ja auch nicht das Klo putzen", sag ich.

Gott bekommt einen Hustenanfall.

„Also, was ist jetzt mit Maria?", frag ich.

„Ich könnte sie mal wieder brauchen", röchelt Gott. „Aber es wäre schön, sie würde selbst reden. Es wird schon so viel über sie geredet und das meiste hat mit ihr etwa so viel zu tun wie die AfD mit Weltoffenheit."

„Ach, echt?“, frag ich. „Was denn?“

„Na ja, Jungfrau, immer lieb und nett und so“, sagt Gott. „Ich könnte dir da das eine oder andere erzählen, von wegen lieb und nett.“

„Apropos Jungfrau“, sag ich. „Hab ich dir eigentlich schon mal erzählt, dass ich mich als Kind immer gefragt habe, warum nur Maria immer mit ihrem Sternzeichen genannt wird?“

„Jetzt hast du mich abgehängt“, sagt Gott.

„Na weil ihr Geburtstag doch im September gefeiert wird“, sag ich. „Da ist doch klar, dass sie Jungfrau ist, oder? Ich hab mich nur immer gewundert, warum dann nie vom Steinbock Jesus die Rede war.“

Gott fängt wieder an zu husten.

„Da kann man noch so lange Gott sein“, keucht Gott zwischen zwei Hustern, „kleine katholische Kinder haben echt die abstrusesten Ideen von allen. Darf ich einen von den Keksen da?“

„Tu dir keinen Zwang an“, sag ich.

„Also, ich hätte Maria gern wieder etwas weiter vorne“, sagt Gott. „Ich hätte gern, dass meine Leute etwas mehr von der Energie haben, mit der sie damals über das Gebirge gestürmt ist. Und von ihrem Jubel über meine Barmherzigkeit und Gerechtigkeit.“

„Hm“, sag ich. „Vielleicht würde es helfen, du würdest deinen Leuten auch so nahe kommen wie ihr damals.“

„Vielleicht würde es helfen, meine Leute wären so aufmerksam wie Maria damals“, sagt Gott.

„Sollen wir Schnickschnackschnuck darum spielen, wer recht hat?“, frag ich.

„Nee, lass mal“, sagt Gott und nimmt sich noch einen Keks.

„Weißt du, was mir daran nicht gefällt, wenn Maria immer das leuchtende Vorbild ist?“, frag ich.

„Du wirst es mir sagen“, sagt Gott.

„Diese ganze Kiste mit empfangend und demütig und so“, sag ich. „Maria ist da immer so passiv und still.“

„Passiv und still, Maria? Ich glaub, es hackt“, sagt Gott. „Das wäre nun wirklich das Letzte, was mir zu ihr einfallen würde. Maria wäre die Richtige, eine Weltrevolution anzuzetteln.“

„Die Mächtigen vom Thron zu stürzen?“, frag ich.

„Ja“, sagt Gott. „Zum Beispiel.“

„Aber heute ist es komplizierter“, sag ich. „Die Mächtigen sitzen nicht mehr auf dem Thron. Sie kaufen Saatgutkonzerne und privatisieren das Wasser, sie handeln mit Waffen und spekulieren ganze Volkswirtschaften in Grund und Boden.“

„Aber niemand kann sagen, er hätte mich dabei auf seiner Seite“, sagt Gott und knallt das Bier so heftig auf den Tisch, dass es ein bisschen spritzt. „Dafür hat Maria gesorgt.“

„Und du hättest gern, dass sie das nochmal klarstellt“, sag ich.

„Nein, nein, das war schon klar genug“, sagt Gott wieder ruhiger und wischt den Tisch mit dem Ärmel trocken. „Aber sie ist ja schon jemand, die Leute zusammenbringen kann. Mehr Frauen, die gemeinsam was reißen, das fände ich gut.“

„Nichts dagegen“, sag ich. „Aber wenn Maria gerade nicht greifbar ist, dann könntest du ja vielleicht doch noch mal gucken, wie du deinen Leuten selber beibringst, dass du kein Macho-Gott bist. Hast du noch so ein Bier für mich?“

„Klar“, sagt Gott. „Aber weißt du, eigentlich ist das Coole am Gottsein ja gerade, sich nicht erklären zu müssen.“

„Da ist vermutlich was dran“, sag ich.

„Kann ich heute bei dir pennen?“, fragt Gott.

„Fühl dich wie zu Hause“, sag ich.

„Danke“, sagt Gott. „Und morgen starten wir dann die Weltrevolution.“

„Oder wir gehen nochmal zu den Ladys in deiner Kirche und lassen ihnen eine Portion Mut und Hoffnung herüberwachsen“, sag ich. „Wenn du dabei bist, dann geht das bestimmt. So wie bei Maria damals. Weil sie zu deinem Team gehören und für Gerechtigkeit aufstehen können.“

„Hab ich dir eigentlich schon mal gesagt“, sagt Gott, „dass ich es immer toll finde, wenn wir zwei das Gleiche vorhaben? So machen wir das.“

„Ja“, sag ich. „Ich freu mich drauf. Und Amen.“

Bratkartoffeln

*Bei Zeitfenster haben wir in den vergangenen Jahren in der Karnevalszeit jeweils einen Gottesdienst mit einem Preacher-Slam anstelle einer Predigt gefeiert. Dabei geht es um einen Wettbewerb zwischen mehreren Prediger*innen, zu einem vorgegebenen Thema dicht, poetisch und natürlich auch theologisch zu sprechen. 2017 stand der Zeitfenster-Preacher-Slam unter dem Thema „Essen ist fertig".*

„Warum genau sind wir nochmal hier?", fragt Gott und hebt die gebratene Garnele sorgfältig mit der Gabel an, um den darunter liegenden Kokos-Chili-Schaum zu betrachten.

„Du wolltest eine Location für den nächsten Betriebsausflug testen", sag ich. „Und du wolltest, dass es richtig schön ist und man richtig gut essen kann."

„Ja", sagt Gott. „Ich dachte dabei aber eher an Bratkartoffeln und ‚All you can eat', verstehst du? Also schön ist es ja, aber ich hatte eigentlich nicht an Portionen im unteren zweistelligen Grammbereich gedacht."

„Das klingt, als wären wir hier am falschen Ort", sag ich.

Gottes Miene hellt sich auf.

„Nach allem, was du mir erzählt hast", sagt Gott, „ist das bestimmt ein katholisches Restaurant, oder?"

„Was?", frag ich. „Wie kommst du denn darauf?"

„Ich dachte", sagt Gott, „weil Katholiken ja auch die sind, die mein Abendmahl mit kleinen runden Esspapierscheibchen feiern. Ich dachte, das hätte vielleicht

Prinzip. Abstraktes Essen oder so. Immerhin klingeln die Scheibchen auch beim Hochheben."

„Erstaunlicher fand ich als Kind immer, dass der Kelch klingeln konnte", sag ich.

„Ich weiß", sagt Gott. „Das war witzig, wie du immer den Hals gereckt hast, um zu sehen, wo an diesem Kelch die Glöckchen waren."

„Die Dorfkirche war klein und ich durfte halt nie vorne bei den Messdienern sein", sag ich. „Und eigentlich können weder der Kelch noch die Scheibchen klingeln."

„Du bist echt süß, dass du mir das erklären willst, Herzchen", sagt Gott. „Auch wenn ich im Nachhinein beim letzten Abendmahl einen klingelnden Kelch schon schick gefunden hätte. Erklär mir lieber, wie man hiervon satt werden soll." Gott balanciert probeweise ein wenig Kokos-Chili-Schaum auf der Gabel.

„Komm", sag ich und lege mein Besteck beiseite. „Wir gehen besser."

„Bezahlst du für mich mit?", fragt Gott. „Aber lieber den verlangten Preis, nicht den Materialwert. Das gäbe sonst bestimmt Ärger. Und dann gehen wir zu dir und machen Bratkartoffeln."

„Hör mal, Gott", sag ich auf dem Weg, „weißt du noch, wie du neulich abends bei mir warst und mit mir über Maria reden wolltest?"

„Klar", sagt Gott. „Deine Kekse waren gut."

„Ich hab ein paar Leuten davon erzählt", sag ich. „Also wie du vor meiner Tür standest und ein Sixpack Altbier unter dem Arm hattest und so. Und weißt du", sag ich, „niemand, wirklich niemand hat sich darüber gewundert, dass du einfach so vorbeikommst.

Aber ALLE haben gefragt, warum ausgerechnet Altbier?!"

Gott lacht.

„Na das ist nun aber wirklich Level eins", sagt Gott. „Wir sind doch beide vom Niederrhein! Und Heimat ist eben, wenn man Sachen mag, die schon ein paar Kilometer weiter als Gefahrgut durchgehen würden."

Jetzt bin ich es, die lacht.

„Das ist eventuell ein kleines bisschen übertrieben", sag ich.

„Eventuell", sagt Gott. „Und außerdem, Kölsch kann ja jeder. Und Gottsein hat halt auch was mit Stil zu tun."

„‚Altbier' und ‚Stil' in einem Zusammenhang", sag ich. „Das ist bemerkenswert."

„Jaha", sagt Gott. „Meine Wege sind eben nicht eure Wege, nicht wahr."

„Aber dieser Weg war kurz", sag ich. „Hier um die Ecke sind wir ja schon bei mir."

„Ich geh nochmal kurz zum Markt", sagt Gott.

„O.k.", sag ich, „dann kann ich eben noch zu den Pfadfindern nebenan und eine richtig große Pfanne leihen. Ich nehme an, du magst lieber große Portionen."

„Gut mitgedacht", sagt Gott. „Und sag schon mal Bescheid, dass es gleich Essen gibt."

Als wir ungefähr zeitgleich zurückkommen, knallt Gott den 20-Kilo-Sack Kartoffeln auf den Küchentisch, dass es staubt wie bei einem Autorennen in der Wüste, und geht zum Kühlschrank.

„Ach, da ist ja noch eins übrig!", sagt Gott, nimmt sich das letzte Alt, dreht das Radio laut auf, setzt sich auf den Tisch neben den Kartoffelsack und greift sich das zweite Schälmesser.

18 Kilo später, als ich gerade die Pfanne startklar mache, geht Gott zum Fenster, öffnet es weit, lehnt sich raus und ruft lauthals zum Essen.

„Bringt Stühle und Teller mit!", ruft Gott.

„Wen lädst du denn alles ein?", frag ich.

„Na alle", sagt Gott. „Du kannst schon mal die Türen aushängen und über die Kisten da legen, wir brauchen einen wirklich großen Tisch."

„Du kommst auf Ideen", sag ich.

„Klar", sagt Gott und muss ziemlich laut werden, um das sich nähernde Fußgetrappel und Stimmengewirr zu übertönen. „Gottsein ist nur halb so schön, wenn der Tisch nicht voll ist."

„Ja", sag ich. „Ich hab dich schon lang nicht mehr so glücklich gesehen."

Gott strahlt.

„Essen ist fertig", sagt Gott.

„Ja", sag ich. „So ein Glück. Und Amen."

Handschmeichler

„Ein Handschmeichler!" Gott starrt mich an.

„Ist das euer Ernst?", fragt Gott. „Echt jetzt? Ein Kreuz als HANDSCHMEICHLER?"

Ich gucke ein bisschen betreten in das Körbchen, das Gott gerade auf der Ladentheke entdeckt hat. Wir stehen in der Dombuchhandlung zwischen Gesangbüchern, Schlüsselanhängern in Engelform, Kalendern mit Sinnsprüchen, schmalen Büchlein über Gelassenheit und eben Handschmeichlern in Kreuzform.

„Offenbar", sag ich.

„Ich werd euch was von wegen Handschmeichler", sagt Gott, nimmt das Körbchen, geht zur Tür und kippt den Inhalt in den Mülleimer vom Kiosk nebenan.

„Ey", ruft die Verkäuferin und kommt hinter der Theke vor.

„Komm, wir gehen", sagt Gott und lässt mich stehen.

Ich schau, dass ich hinterherkomme. Die Verkäuferin ist zum Glück nicht so schnell. Gott macht lange Schritte, wie immer, wenn Gott wütend ist.

„Stell dir doch mal vor", sagt Gott, als ich aufgeholt habe, „es wäre kein Kreuz gewesen, sondern ein elektrischer Stuhl. Dann hättet ihr goldene elektrische Stühle überm Altar hängen. Oder mit Glitzersteinchen besetzt in klein um den Hals. Und dann wär's kein elektrischer Stuhl mehr mit so fiesen Fesseln dran, sondern ein stylischer Hocker. Oder so ein schickes Sitzkissen. Und dann würdet ihr kleine Samtkissen in Körbchen liegen haben als katholische Quengelware."

„Das ist unfair“, sag ich. „Wir versuchen, damit klarzukommen, was dir passiert ist. Ist doch besser so als das Kreuz auf Soldatenuniformen zu pappen.“

„Das Kreuz ist euer Zeichen, nicht meins“, sagt Gott. „Ich wollte nicht sterben. Ich wollte euch zeigen, dass das Leben groß und heilig ist. Es waren Menschen wie ihr, die ihre Phantasie darauf verwendet haben, Leute möglichst langsam und qualvoll sterben zu lassen. Und anstatt darüber zu erschrecken, macht ihr Handschmeichler draus!“

Ich sage lieber nichts.

„Immer nur das Kreuz“, sagt Gott und ballt die Fäuste. „Niemand von euch weiß mehr, wie gern ich gesungen habe. Und welcher mein Lieblingspsalm war.“

„Dein Gebet kennen wir noch“, sag ich.

„Ja“, sagt Gott. „Aber wisst ihr auch noch, wie sehr ich es genossen habe, abends am See zu sitzen? Psalm 103 übrigens.“

„Öh“, sag ich.

„Da haste mal Hausaufgaben“, sagt Gott.

„Magst du ein Eis?“, frag ich. „Da drüben ist der Eistreff und das Eis des Monats ist Sauerkirsche.“

Gott hält inne und nickt dann.

„Mit Sahne und bunten Streuseln bitte“, sagt Gott.

„Handschmeichler“, murrt Gott leise, als wir in der kurzen Schlange stehen. „Ich muss echt unglaublich tot für euch sein.“

Ein Weilchen später sitzen wir im Schatten auf der Wiese neben dem Spielplatz und Gott löffelt Eis mit Sahne. Das Eis hilft, Gott wird tatsächlich ruhiger.

„Ihr wisst so wenig über mich“, sagt Gott. „Das ist echt schade. Es hätte so schön sein können und jetzt betet ihr mich an in viel zu großen Kirchen, hängt mich in Holz an die Wand oder auch in Gips, wenn es billiger sein soll, wie an so 'nem Fliegenfänger und denkt, eure Kleiderordnung hätte irgendwas mit mir zu tun. Ich hab nie so was getragen, und ich würde es auch nie tun! Das war nicht der Plan, echt nicht."

„Es ist ein Zeichen, dass du uns wichtig bist", sag ich.

„Dein Wort in mein Ohr", sagt Gott. „Aber ich werde das Gefühl nicht los, dass es dabei mehr um euch geht als um mich. Wenn es um mich ginge, dann wären bei euch zum Beispiel auch Frauen am Start."

„Aber das liegt doch an dir", sag ich, „du hast doch nur Männer berufen."

„Heimatland", sagt Gott. „Das war ein ZEI-CHEN! Für das neue Israel! Zwölf Stämme, zwölf Gesandte. Ist das denn so schwer?!"

„Anscheinend", sag ich.

„Maria sagt das auch ständig", sagt Gott. „Also, dass sie das mit der Betonung der zwölf Jünger schon immer für eine Schnapsidee gehalten hätte und ich hätte ja nicht auf sie hören wollen und das mit dem Zeichen hätte schon damals keiner kapiert, sondern die Jungs hätten sich nur wichtig gefühlt."

„Da mag sie wohl recht haben", sag ich. „Schade eigentlich, dass wir sie immer nur als deine Mutter kennen und nicht als die Prophetin, die echt was zu sagen hatte."

„Und das Ding mit der Jungfrau", sagt Gott. „Und du dachtest als Kind, das sei ihr Sternzeichen!"

„Ja", sag ich. „Ich dachte ja auch, Pontius Pilatus wäre eine Krankheit. Wegen ‚Gelitten unter', weißt du?"

Gott bekommt einen Lachanfall.

„Ich hab es ja immer schon gesagt“, keucht Gott, „die religiösen Irrtümer von kleinen katholischen Kindern sind echt die abgefahrensten.“

„Kleine katholische Kinder wissen aber auch, dass du uns das Leben schön und hell machen wolltest“, sag ich.

„Das stimmt“, sagt Gott, kichert noch ein bisschen und sammelt ein Stück Waffel auf, das aufs Gras gefallen war. „Ihr könntet das aber auch wissen.“

„Woher nochmal genau?“, frage ich.

„Ich sag mal so“, sagt Gott und schluckt das Stück Waffel herunter. „Es hätte euch stutzig machen können, dass ich nicht mit Kleiderordnungen oder Kreuzen, sondern mit mehreren hundert Litern Wein an die Öffentlichkeit gegangen bin.“

Vom Dom her fängt es an zu läuten.

„Ich muss los“, sagt Gott. „Danke für das Eis.“

„Vergiss nicht, dass du vermutlich jetzt Hausverbot in der Dombuchhandlung hast“, sag ich.

„Schon o.k.“, sagt Gott, „ich wollte eh in die andere Richtung. Hab es gut.“

„Du auch“, sag ich. „Bis bald mal wieder. Und Amen.“

So stolz, dass es kracht

2019 fand die dritte bundesweite 72-Stunden-Aktion der katholischen Kinder- und Jugendverbände statt: Eine große Sozialaktion, bei der Kinder- und Jugendgruppen innerhalb von drei Tagen verschiedenste soziale Projekte durchführen, vom Ausrichten eines Sommerfestes im Pflegeheim über die farbige Gestaltung verwahrloster Wände in Unterführungen bis hin zur Renovierung eines Spielplatzes. 2019 stand die Aktion unter dem Motto „Berge versetzen".

„Hey, da bist du ja endlich", sag ich und mache Gott die Tür auf. „Wir sind spät dran."

„Wieso, was ist los?", fragt Gott, schiebt sich an mir vorbei und geht voraus in die Küche.

„Wir müssen noch das Grußwort fertig machen", sag ich und gehe hinterher. „Für die 72-Stunden-Aktion."

„Oh, erst 'nen Kaffee", sagt Gott und setzt sich auf den Tisch wie immer. Ich fülle einen Becher und halte ihn Gott hin. Gott strahlt.

„Mein Lieblingskaffeebecher", sagt Gott. „Danke."

„Gerne", sag ich.

„So, jetzt nochmal", sagt Gott nach ein paar Schlucken. „Du brauchst also ein Grußwort von mir?"

„Ja", sag ich. „Wir sollen was übers Berge versetzen sagen."

„Berge versetzen", sagt Gott. „Wieso überlassen deine Leute das nicht den Maulwürfen? Die machen das schließlich den ganzen Tag."

„Ey", sag ich. „Das ist doch ein Zitat. Von dir. Wenn unser Glaube nur so groß wäre wie ein Stecknadel, dann könnten wir Berge versetzen. Wobei ich mich immer schon gefragt habe, warum wir das wohl tun sollten und was der arme Berg denn bloß angestellt hat."

„Na du bist mir ein Herzchen", sagt Gott. „Ich trag doch gern mal dick auf, das weißt du doch. Berge versetzen! Die Welt aus den Angeln nehmen! Den Himmel stürmen! Weniger solltet ihr nicht anpeilen."

„Na ja, alles das werden wir vielleicht nicht schaffen in 72 Stunden", sag ich. „So lang ist das auch wieder nicht."

„Für mich sind 72 Stunden nicht mal ein Schluckauf", sagt Gott. „Aber für Eintagsfliegen sind das immerhin drei Generationen. Und natürlich können drei Tage die Welt verändern. Das hab ich ja schließlich auch schon gemacht."

„Also, Berge versetzen", sag ich.

„Hast du Kekse da?", fragt Gott.

„Du lenkst ganz schön ab", sag ich, hole die Keksdose aus dem Schrank und stelle sie Gott hin.

„Danke", sagt Gott und sucht sich einen Schokokeks heraus.

„So ein Berg ist ziemlich massiv", sag ich.

„Ja, und wer ihn versetzt, kann das Schwere aus dem Leben nehmen", sagt Gott. „Hey, der kann was, dein Keks."

„Hoppi-hoppi, jetzt rück mal raus mit dem Grußwort", sag ich.

Gott nimmt sich noch einen Keks.

„Weißt du", sagt Gott schließlich, „manchmal hab ich sowas von keinen Bock mehr auf diese Welt, und auf eure Kirche übrigens auch nicht. Ich hab mir so vieles so anders vorgestellt. Und immer ist irgendwas, und manche Leute haben für andere nicht mal das Einfühlungsvermögen von ’nem Grottenolm und behaupten trotzdem, in meinem Namen zu sprechen! Und neulich hatte ich sowas von den Kaffee auf, da hätte ich fast gedacht, das war’s jetzt. Aber dann sind mir ein paar Leute eingefallen, die diese Welt so schön machen. Da waren deine Leute auch dabei mit ihrer Aktion, und dann hab ich mir gedacht, doch, ich bin halt Gott für euch, und ihr sollt mein Team auf dieser Erde sein.“

„Das ist schön“, sag ich. „Aber ein bisschen lang, oder?“

„Ach“, sagt Gott, „das ist doch eigentlich alles voll easy. Sag ihnen einfach, dass ich so stolz auf sie bin, dass es kracht, und total verknallt in sie bin ich auch.“ Gott wird ein bisschen rot. „Und dann wünsch ihnen noch viel Freude beim Bergeversetzen, o.k.? So, und jetzt muss ich los.“

Gott nimmt den letzten Schluck Kaffee, greift sich im Aufstehen noch einen Keks und geht zur Tür. „Genießt das Leben und macht nix kaputt“, sagt Gott. „Bis bald mal wieder. Und Amen.“

Was der Johannes so erzählt

Zu den wichtigsten Erlebnissen bei der 72-Stunden-Aktion gehört für die Teilnehmenden, dass sie etwas bewirken können und dass sie damit Teil von etwas Größerem sind. Dazuzugehören ist wichtig, und die äußeren Zeichen dieser Zusammengehörigkeit über Armbändchen und Aktions-T-Shirts sind ebenfalls wichtig. Beides hat im Gespräch mit Gott darum auch seinen Platz.

Außerdem feiern viele Aktionsgruppen während der 72-Stunden-Aktion Gottesdienste. Das Sonntagsevangelium am Aktionssonntag 2019 war ein Abschnitt aus dem Johannesevangelium:

„Jesus antwortete Judas: Wenn jemand mich liebt, wird er mein Wort halten; mein Vater wird ihn lieben und wir werden zu ihm kommen und bei ihm Wohnung nehmen. Wer mich nicht liebt, hält meine Worte nicht. Und das Wort, das ihr hört, stammt nicht von mir, sondern vom Vater, der mich gesandt hat. Das habe ich zu euch gesagt, während ich noch bei euch bin. Der Beistand aber, der Heilige Geist, den der Vater in meinem Namen senden wird, der wird euch alles lehren und euch an alles erinnern, was ich euch gesagt habe. Frieden hinterlasse ich euch, meinen Frieden gebe ich euch; nicht, wie die Welt ihn gibt, gebe ich ihn euch. Euer Herz beunruhige sich nicht und verzage nicht. Ihr habt gehört, dass ich zu euch sagte: Ich gehe fort und komme wieder zu euch. Wenn ihr mich liebtet, würdet ihr euch freuen, dass ich zum Vater gehe; denn der Vater ist größer als ich. Jetzt schon habe ich es euch gesagt, bevor es geschieht, damit ihr, wenn es geschieht, zum Glauben kommt."

„Mensch Gott“, sag ich und klappe das Buch zu. „Geht’s nicht noch ein bisschen komplizierter? Was wolltest du uns damit jetzt sagen?“

„Ach, du magst Johannes einfach nicht“, sagt Gott und gibt mir ein Alt rüber.

Gott sitzt wie immer auf dem Tisch und hatte während des Lesens das Sixpack Altbier schon mal aufgemacht.

„Gib dem Johannes halt mal eine Chance“, sagt Gott, „das hat er doch nett gemacht. Immerhin war so eine Art zu schreiben damals der letzte Schrei. Das müsste dir doch eigentlich gefallen.“

„Na ja“, sag ich. „Ehrlich gesagt ist mir das alles zu verkopft. Ich komm doch gerade von den Gruppen von der 72-Stunden-Aktion und das hat erstmal so gar nichts damit zu tun. Prost.“

„Als ob ich nicht wüsste, wo du warst“, sagt Gott. „Ich war doch dabei, echt mal. Prost.“

„Ja“, sag ich. „Du hast gesagt, dass drei Tage natürlich die Welt verändern könnten und dass du das ja selber vorgemacht hättest.“

„Genau“, sagt Gott. „Und jetzt guck, wir gehen das mal durch. So schwer ist das nämlich gar nicht. Haltet an meinem Wort fest. Welche Worte hast du denn heute gehört, die die Welt ein Stückchen besser machen?“

„Also mein Wort des Tages“, sag ich, „ist, was ein Mädchen zum Weihbischof gesagt hat: ‚Wo ist denn dein Bändchen? Wenn du kein Bändchen hast, dann brauchst du auch kein T-Shirt!‘ Weil es ums Dazugehören geht. Und sonst –“, ich überlege. „‚Das ist so schön, hier zu arbeiten‘ war auch ein gutes Wort. Und ‚Das haben wir schon alles geschafft, das ist echt gut geworden‘. Und ‚Eigentlich machen wir das ganze Jahr über 72-Stunden-Aktion‘.“

„Na siehst du“, sagt Gott, „ging doch. Dann mal weiter im Text. ‚Meinen Frieden gebe ich euch.‘ Gib’s zu, dass du heute ziemlich viel gesehen hast, was mehr Frieden in die Welt bringt. Zumindest wenn du das Gleiche gesehen hast wie ich.“

„Ich glaub wohl“, sag ich. „Die Kinder, die die neuen Hochbeete bunt angestrichen haben, und die megastolz darauf waren. Die Jugendlichen, die total konzentriert eine Sandkastenwand besprüht haben, und die, die Spielgeräte aufgebaut haben. Und natürlich noch die, die für alte Menschen ein Sommerfest ausgerichtet haben. Beziehungsweise ein Frühlingsfest.“

„Und jetzt sag nochmal, du fändest es zu abstrakt, wenn Johannes mich zitiert mit dem Satz ‚meinen Frieden gebe ich euch‘“, sagt Gott. „Echt mal. Ein bisschen Phantasie musst du halt schon manchmal bemühen, wenn du mit mir zu tun haben willst.“

„Ein Punkt für dich“, sag ich. „Dann jetzt noch ‚damit ihr zum Glauben kommt‘. Erklär es mir, als sei ich drei Jahre alt, o.k.?“

„Darf ich einen von den Keksen da?“, fragt Gott.

„Lenk nicht schon wieder ab“, sag ich. „Aber nimm dir ruhig, wir haben ja reichlich da. Nur die mit Schokolade sind schon alle weg.“

„Die mit Schokolade sind immer zuerst weg“, sagt Gott.

„Also, damit wir zum Glauben kommen“, sag ich.

„Hm“, sagt Gott, trommelt mit den Fingern auf die Tischplatte und schweigt eine Weile. „Ich kann euch ja nicht zwingen“, sagt Gott schließlich, „das Gute in der

Welt zu sehen. Und dass ich da bin. Dass drei Tage die Welt verändern können."

„Manchmal ist das sowas von Level eins", sag ich. „Und manchmal so gar nicht."

„Ja", sagt Gott. „Aber ich würde mir halt wünschen, dass ihr das sehen könnt. Dass es nämlich Hoffnung gibt für diese Welt. Und dass es Leute gibt, denen ihr das glauben könnt. Dass ihr selber solche Leute seid, denen man das glauben kann."

„Das klingt schön", sag ich. „Danke."

„Bitte", sagt Gott. „Ach, und wenn du morgen wieder deine Leute triffst, dann kannst du daran denken, was ich dir gesagt hab: dass ich total stolz auf sie bin und dass ich total verknallt in euch alle bin." Gott wird wieder ein bisschen rot.

„O.k.", sag ich. „Mach ich."

„Und wie gesagt, grüß schön von mir", sagt Gott und stellt die leere Bierflasche ab und geht zur Tür.

„Vergiss dein Bändchen nicht", sag ich und halte Gott das Aktionsbändchen hin.

„Ach ja, danke", sagt Gott, schiebt es sich ans Handgelenk und hält mir den Arm hin, damit ich es festziehe.

„Habs gut", sag ich, als ich fertig bin.

„Du auch", sagt Gott. „Bis bald mal wieder. Und Amen."

Vor vierzig Jahren

Die Diözesanversammlung (DV) des BDKJ Aachen tagt einmal jährlich an einem Wochenende im Sommer, in der Regel in der Jugendbildungsstätte Rolleferberg, kurz „Rollef", im Süden von Aachen. Das Gespräch ist zur Diözesanversammlung 2019 entstanden.

„Das Gegenstück zu der Kupplung ist hier", sagt Gott und zeigt auf die Deichsel des Anhängers. „Du musst das nur da abschrauben und ans Fahrrad tun."

„Boah, danke", sag ich. „Das wäre ja was gewesen, wenn ich den Anhänger jetzt so kurz vor der DV nicht ans Fahrrad hätte machen können. Dann hätten wir für den Transport nochmal voll umplanen müssen."

Ich war gerade dabei gewesen, den Fahrradanhänger zusammenzubauen, als Gott vorbeigekommen war und sich neben den Werkzeugkasten auf die Treppe gesetzt hatte.

„Apropos DV", sag ich, „ich hab da was gefunden, das wollte ich dir noch zeigen." Ich suche kurz das Foto auf dem Handy und halte es dann Gott hin. „Guck mal", sag ich, „das war auch eine BDKJ-DV. Vor vierzig Jahren."

Gott lächelt.

„Ach ja", sagt Gott, „Klar. Die sehen heute auch alle reichlich anders aus. Und damals durfte man bei euch auf den Konferenzen noch rauchen."

„Wie es damals wohl war?", frag ich.

„Wer ist denn hier die Historikerin, du Herzchen?" fragt Gott zurück. „Dafür brauchst du mich doch nicht."

„Na ja, worum es ging, weiß ich so grob“, sag ich und schraube die Kupplung ans Rad. „Um die Rolle der Regionalverbände, um die Verbändefinanzierung, um den Priestermangel und seine Folgen für die Jugendverbände ... Klaus Hemmerle war Bischof und der BDKJ wollte ihn als Jugendbischof vorschlagen. Und ein Weihbischof war gerade noch im Amt, der war in der Nazizeit in Dachau gewesen. Sie haben den Tag der Jugend 1980 vorbereitet und der Bistumsschwerpunkt ‚Kirche und Arbeiterschaft‘ wurde gerade eingerichtet. Und in Rollef wurden der Marmoraltar und die Bänke aus der Kapelle geschafft.“

„Da hast du dich ja echt informiert“, sagt Gott.

„Das Archiv ist im Keller“, sag ich. „Da war es schön kühl. Ach ja, und an der Diözesanstelle wurde sowas von diskutiert, wo das Telefon stehen sollte. Also DAS EINE Telefon. Das für die ganze Diözesanstelle.“

Gott lacht.

„So ist das mit den Menschen“, sagt Gott.

Ich fange an, die Reifen des Anhängers aufzupumpen.

„Aber Gott“, sag ich, „ich wüsste trotzdem gern, was das für dich bedeutet hat, was sie damals alles besprochen haben. Und was du wohl davon hältst, was wir heute so diskutieren.“

„Weißt du“, sagt Gott, „ich merk das ja, wenn Leute ihre Sache machen, so gut sie können, und was Gutes erreichen wollen für ihre Welt. Und das“ – Gott schließt sacht die Hand – „das bleibt dann bei mir für immer.“

„Die Leute auf der DV damals sehen aber ein bisschen müde aus“, sag ich.

„Jo, ihr seht auch manchmal müde aus“, sagt Gott. „Hauptsache, ihr seid bei der Sache.“

„Du kommst auch, oder?“, frag ich und kupple den Anhänger ans Rad.

„Klar“, sagt Gott. „Aber ich setz mich einfach irgendwo dazu und bleib inkognito wie immer. Vielleicht merkt ihr ja dann und wann, dass ich da bin. Bis später, man sieht sich.“

„Ja“, sag ich. „Bis später. Und Amen.“

Frohe Weihnachten

Weihnachtsgruß 2019 von Zeitfenster Aachen.

„Magst du eigentlich Weihnachtslieder?", frag ich und gebe Gott die Engel-Ausstechform zurück.

„Viele", sagt Gott und legt mir im Tausch die Schäfchenform hin. Gott hatte eine ganze Reihe Schäfchen ausgestochen und löst sie nun sorgfältig aus dem ausgerollten Teig.

„Welche magst du am liebsten?", frag ich.

„Oh, das ist eine gute Frage", sagt Gott und legt ein paar Schäfchen hintereinander auf das Blech.

„Also ich mag am liebsten die, wo Immanuel drin vorkommt", sag ich. „Das gefällt mir."

Gott lächelt.

„Ja, ein schöner Name", sagt Gott, „und er stimmt ja auch. Ich bin mit euch."

„Als Mensch hast du nicht Immanuel geheißen", sag ich.

„Brauchte ich auch nicht", sagt Gott. „Ich hab ja gezeigt, wie ich mit euch bin."

Ich schiebe einen König beiseite, damit mein Stern noch danebenpasst.

„Ich mag jedenfalls die leisen Lieder oft gern", sagt Gott und legt einen Engel in die letzte freie Ecke. „Das mit dem Dornwald zum Beispiel. Aber manchmal ist mir auch mehr nach Party, und dann finde ich es gut, wenn es ordentlich scheppert."

Gott drückt den restlichen Teig zu einer Kugel zusammen und rollt ihn nochmal aus, während ich das Blech in den Ofen schiebe.

„Was machst du nachher noch?“, frag ich.

„Ach, ich geh nochmal eine Runde rum“, sagt Gott, ohne aufzusehen. „Es sind ja so viele Leute, und an Weihnachten sind sie besonders empfindsam. Manche sind alleine, obwohl sie lieber mit anderen zusammen wären, und manche haben viele Leute um sich herum, obwohl sie lieber alleine wären. Da geh ich lieber nochmal gucken und sag Bescheid, dass ich da bin.“

„Ja“, sag ich. „Geh ruhig, den Rest mach ich dann nachher fertig. Und nimm dir doch schonmal ein paar Plätzchen mit, wer weiß, wen du so alles triffst unterwegs.“

„Gerne“, sagt Gott, legt die Teigrolle beiseite und wischt sich die Hände ab. „Ein paar Engel, o.k.? Engel sind immer gut.“

„Das stimmt“, sag ich. Gott wickelt sich behutsam einige Engelskekse in ein Taschentuch und geht zur Tür.

„Danke“, sagt Gott. „Bis bald mal wieder, und frohe Weihnachten.“

„Dir auch frohe Weihnachten“, sag ich. „Und Amen.“

Heldinnentaten

Die Pfadfinderinnenschaft St. Georg ist einer der katholischen Kinder- und Jugendverbände im Bistum Aachen. Ein besonderer Höhepunkt für die Kinder und Jugendlichen ist, wenn das große diözesane Sommerlager stattfindet, an dem Stämme aus dem gesamten Bistumsgebiet teilnehmen. Wie bei allen pfadfinderischen Fahrten gehören auch hier das Schlafen in Zelten, Lagerfeuer und Singen natürlich dazu. Die Sommerlager haben zusätzlich jeweils ein Motto, das auch die Aktivitäten prägt. Im Sommer, als das Gespräch stattfand, stand die Fahrt unter dem Motto „Wie viel Heldin steckt in dir?“.

„Ich fahr gleich ins Zeltlager“, sagt Gott und strahlt. „Ich hab auch schon gepackt.“

„Warst du schon öfter zelten?“, frag ich.

„Hey“, sagt Gott. „Was für eine Frage! Ich hab doch total lange in einem Zelt gewohnt!“

„Ach ja, stimmt“, sag ich. „Wie war das denn so?“

„Ich fand das toll“, sagt Gott. „Wir waren in der Wüste unterwegs, das ist natürlich ein bisschen anders. Heißer, und ohne Waschhäuschen.“

„Ich mag am meisten“, sag ich, „dass ich mich so schnell so weit draußen fühlen kann. Und dass ich abends beim Einschlafen hören kann, wie weit die Welt um mich herum ist.“

„Ich mag es, den Sternenhimmel mal von hier unten zu sehen“, sagt Gott. „Wenn ich nachts noch mal rausmuss oder so.“

„Ich mag auch, wenn der Regen aufs Zelt trommelt", sag ich.

„Das gab es in der Wüste nur ganz selten", sagt Gott. „Und Gummistiefel hatten wir auch nicht."

„Vermisst du das alles manchmal?", frag ich.

„Ach", sagt Gott, „so ist das eben. Manchmal bauen meine Leute mir ein Zelt und manchmal Häuser. Hauptsache, es gibt ein Plätzchen für mich. Ich sitze zum Beispiel auch gern einfach so bei Leuten, die singen."

„Dann bist du ja im Zeltlager genau richtig", sag ich.

„Ja klar", sagt Gott. „Kommst du noch ein Stück mit?"

„Gern", sag ich, „ich hol gerade noch meine Sandalen."

Als wir an der Straße sind, fährt ein Feuerwehrauto mit Blaulicht an uns vorbei.

„Das passt ja", sagt Gott, als die Sirene leiser wird. „Es geht doch um Heldinnen beim Zeltlager, oder?"

„Ja", sag ich.

„Und, wie viel Heldin steckt in dir?", fragt Gott.

„Hm", sag ich. „Eine Superheldin bin ich jedenfalls nicht."

„Du meinst, mit Superkräften und so?", fragt Gott.

„Ja, so in etwa", sag ich. „Ich bin aber einfach nur ganz normal."

„Das sind die Feuerwehrleute auch", sagt Gott. „Und der Mann mit dem Kinderwagen da drüben auch."

„Hm", sag ich nochmal. „Ich weiß nicht. Heldin, das klingt so gar nicht nach mir. Außer, wenn meine Freundin sagt, ich sei eine Heldin, weil ich früh aufgestanden bin und schon mal Frühstück gemacht habe. Aber besonders heldinnenhaft ist Frühstückmachen ja eigentlich nicht."

„Ist ja auch nicht so wichtig, wie du das nennst“, sagt Gott.

Wir gehen ein Stück, ohne was zu sagen.

„Weißt du“, fängt Gott nochmal an, „vielleicht ist es eher andersrum. Die meisten Leute kommen ohne große Heldentaten durchs Leben.“

„Oder Heldinnentaten“, sag ich.

„Oder Heldinnentaten“, bestätigt Gott. „Aber die Leute tun trotzdem irgendwann Dinge, die sie sich erstmal nicht zugetraut hätten. Weil man nicht leben kann ohne ein bisschen Mut. Und ohne etwas zu tun, das man eigentlich für eine Nummer zu groß hält.“

„Wenn sie von Anfang an gewusst hätten, dass sie das können, wär es ja auch kein großes Ding gewesen“, sag ich.

„Ach, mein Herzchen“, sagt Gott.

„Was meinst du denn genau mit dem, was man für eine Nummer zu groß hält?“, frag ich.

„Komm“, sagt Gott statt einer Antwort. „Wir könnten doch noch einen kleinen Abstecher zur Kirche hinterm Bahnhof machen und eine Kerze anzünden für alle kleinen und großen Heldinnen und Helden.“

„Du auch?“, frag ich.

„Warum nicht“, sagt Gott, „das ist wie sich was zum Merken in die Hand zu schreiben. Und dann fahr ich ins Zeltlager.“ Gott macht jetzt deutlich schnellere Schritte.

„Hoppi-hoppi“, sagt Gott, „ich will nicht zu spät kommen. Nicht, dass am Ende keine Marshmallows mehr übrig sind.“

„Sie heben dir bestimmt welche auf“, sag ich und bemühe mich, Schritt zu halten.

„Ich hab mich nicht angekündigt", sagt Gott.

„Wer ist jetzt das Herzchen", frag ich. „Die wissen doch, dass du kommst! Echt mal."

„O.k., wenn du das sagst", sagt Gott und fängt an zu laufen. „Dann mal los. Ich freue mich schon so! Und Amen."

Gott, die Liebe und die Freiheit

Auch dieses Gespräch hat den Zeitfenster-Gottesdienst zum Anlass. Der Gottesdienst wird in der ältesten Bürgerkirche der Stadt, Sankt Foillan, gefeiert, benannt nach einem irischen Wandermönch des Frühmittelalters. Die Kirche steht in unmittelbarer Nähe zum Dom, der lange Zeit dem Adel vorbehalten war. Sie wurde beim Bombardement der Stadt am 2. April 1944 zerstört, bei dem 1500 Menschen ums Leben kamen, und erst zur Aachener Heiligtumsfahrt 1951 wieder aufgebaut, wobei die moderne Betonbauweise die früheren gotischen Deckengewölbe zitiert. Der Aachener Dom hat als ursprünglichen Grundriss ein Achteck nach dem Vorbild der Grabeskirche in Jerusalem, während die ersten dreischiffigen Basiliken tatsächlich nach dem Vorbild antiker überdachter Markthallen erbaut wurden.

Die Schervierstube ist eine Einrichtung der Armen Schwestern des Heiligen Franziskus, wo wohnungslose Menschen und Menschen in Not mit regelmäßigen Mahlzeiten versorgt werden. Der Orden wurde im 19. Jahrhundert von der Aachener Industriellentochter Franziska Schervier gegründet.

„Wo bist du denn am liebsten?“, fragt Gott.

Es ist Freitagnachmittag, ich habe Gott gerade vom Bus abgeholt und jetzt stehen wir am Elisenbrunnen und sind unschlüssig, wo wir hingehen wollen.

„Also am liebsten“, sag ich, „fahr ich mit dem Fahrrad den Boxgraben runter. Außer dienstagsmorgens, dann steht da immer das Müllauto auf dem Radweg rum. Ich liebe den Kick, schneller als die Autos zu sein.“

„Hui", sagt Gott. „Hast du auch was weniger Actionreiches im Angebot?"

„Auf dem Lousberg bin ich auch gern", sag ich. „Und dann ist da natürlich noch Sankt Foillan."

„Der Mönch?", fragt Gott.

„Nein, die Kirche", sag ich. „Komm, wir gehen hin. Ist ja nicht weit."

„Fürchtet euch nicht", liest Gott im Gehen das Banner am Turm vor. „Meine Rede."

Beim Reingehen stolpert Gott ein bisschen in der Drehtür. Heil innen angekommen, guckt Gott sich um. Gottes Blick folgt den Pfeilern zur Decke.

„Wow", sagt Gott. „Da haben sich aber Leute was getraut."

„Ja", sag ich. „Sie war ganz zerstört. Und sie haben sie so wieder aufgebaut, dass man es sieht."

Ich schaue zu Gott rüber.

„Oh, Gott", sag ich. „Du weinst ja."

Gott nickt und wischt sich mit dem Ärmel über die Wange.

„Die vielen Menschen", sagt Gott mit erstickter Stimme. „Die vielen, vielen Menschen."

„Es ist doch nicht deine Schuld", sag ich. „Du hast den Krieg nicht angefangen und die Bomben nicht geworfen, und alle können wissen, dass du dagegen bist, so wie du deinen Jutebeutel immer mit dir herumträgst."

Gott wirft einen skeptischen Blick auf die Tasche, auf der in bunten Buchstaben „Keine Gewalt" steht.

„Es sind doch die Menschen, die das alles tun", sag ich.

„Fang nicht an, mich entschuldigen zu wollen", sagt Gott. „Immerhin bin ich Gott, nicht du."

„Ja, und?“, frag ich.

„Ich könnte dem jederzeit ein Ende machen“, sagt Gott. „Ich müsste nur einen Augenblick loslassen und alles würde ins Nichts fallen. Aber das bringe ich nicht.“

„Warum nicht?“, frag ich.

„Weil es nur Liebe gibt, wenn es Leben gibt“, sagt Gott.

Wir schweigen lange.

„Komm“, sagt Gott schließlich. „Wir zünden noch ein Kerzchen an.“

„Du auch?“, frag ich.

„Warum nicht“, sagt Gott. „Kann nicht schaden.“

„Und wo bist du am liebsten, wenn du hier bist?“, frag ich Gott, als wir wieder draußen vor den Stufen stehen.

„Ach“, sagt Gott, „ich bin ganz gerne in der Schervierstube. Da gibt es immer ein gutes Frühstück und schön heißen Kaffee.“

„Ja, ich weiß“, sag ich, „vor dem ersten Kaffee: Klappe halten.“

„Ganz genau“, sagt Gott. „Und überhaupt bin ich gern bei den Schwestern, immer schon. Das war eine meiner besten Zeiten, als Franziska der Schrecken der Aachener Oberschicht war. Wusstest du, dass der Domherr, der ihr jedes Jahr im Auftrag ihres Taufpaten was Wertvolles für die Aussteuer schenken sollte, damit aufgehört hat, als rauskam, dass Franziska das Zeug alles für die Armen verscherbelt hatte?“

„Ja“, sag ich.

„Ich hab tagelang gelacht“, sagt Gott. „Tolle Frau.“

Gott kichert und geht vor Richtung Dom. An der Magnolie bleibt Gott stehen, greift nach einem Zweig und streichelt über die Knospen.

„Ich freu mich schon drauf, wenn sie wieder blüht“, sagt Gott.

„Du kennst doch jede Blüte schon“, sag ich.

„Ja“, sagt Gott. „Jede mögliche. Aber es ist trotzdem immer wieder toll zu sehen, wie das Leben explodiert.“

„Für dich auch?“, frag ich.

„Klar“, sagt Gott. „Wie schön, dass die hier steht. Wenigstens dicht neben meiner Kirche, wenn schon nicht innen drin.“

„Innen drin würde sie wohl eingehen“, sag ich.

„Genau das ist das Problem“, sagt Gott.

„Das ist ein bisschen unfair“, sag ich. „Leute haben dir schon immer gern Häuser gebaut.“

„Ja, witzig, oder?“, sagt Gott.

„Hast du denn schon mal die ganzen Innenarchitektur-Ratschläge in der Bibel gelesen?“, frag ich.

„Es war nur ein kleiner Tempel, verglichen mit den Protzbauten rundum“, sagt Gott und guckt etwas verlegen. „Und eure Kirchen heute sind eh nicht danach geplant, sondern nach antiken Shopping-Malls.“

„Markthallen, meinst du“, sag ich.

„Ist doch das Gleiche“, sagt Gott.

„Aber der Dom nicht“, sag ich.

„Stimmt“, sagt Gott. „Irgendwie auch nett, die viele Mühe. Und dass Leute an mich denken.“

„Findest du das etwa unnötig?“, frage ich.

„Ach nein“, sagt Gott. „Wenn’s hilft.“

„Es ist ein Zeichen, dass Leute nicht ohne dich leben wollen“, sag ich.

„Dein Wort in mein Ohr“, sagt Gott.

„Es sind doch deine Häuser“, sag ich. „Da bist du schon auch irgendwie zuständig.“

„Es war eure Idee“, sagt Gott. „Aber es wäre halt auf Dauer unhöflich gewesen, immer auf einem Zelt zu bestehen.“

„Findest du es nicht auch ein bisschen angenehm, bei uns sesshaft zu sein?“, frag ich.

„Ist dir schon mal aufgefallen“, fragt Gott zurück, „dass es dabei ganz oft darum geht, heilige Bereiche abzustecken? Nicht jeder darf überallhin.“

„Besondere Bereiche für dich“, sag ich.

„Oder für euch“, sagt Gott. „Beziehungsweise nur für ein paar von euch.“

„Na ja, du kennst uns doch“, sag ich. „Wir verwechseln das öfter mal.“

„Oh ja“, sagt Gott. „So hatte ich das eigentlich nicht gemeint, als ich wollte, dass ihr mir ähnlich seid.“

Gott dreht sich um.

„Komm, wir gehen kurz zu dir rauf“, sagt Gott. „Ich habe Durst.“

In meiner Küche angekommen holt Gott sich wie immer ein Alt aus dem Kühlschrank und setzt sich auf den Küchentisch. Während ich das gespülte Geschirr aufräume, löst Gott gedankenverloren das Weihnachtsrätsel aus der Zeitung, an dem mein Stiefvater und ich gescheitert waren und das auf dem Tisch liegengeblieben war als Erinnerung an unsere Niederlage.

„Wie geht es eigentlich so in meiner Kirche?“, fragt Gott nach einer Weile.

„Danke der Nachfrage“, sag ich. „Wir sollen beim Segnen aufpassen, dass das mit den Chromosomen stimmt. Also wir dürfen Paare nur segnen, wenn es genau einmal ein XX- und einmal ein XY-Chromosomensatz ist.“

Gott setzt die Altflasche auf halbem Weg wieder ab.

„Echt jetzt?", fragt Gott.

„Ja", sag ich, „weil du das in die Zellen so reingeschrieben hättest. Und guck mich nicht so an, das war nicht meine Idee."

„Ich finde es ein bisschen traurig, dass ihr mich für so phantasielos haltet", sagt Gott. „Und überhaupt, bei euch baggern Leute Löcher in die Erde, da wächst und lebt für hunderte Jahre nichts mehr, und ihr beschäftigt euch lieber mit Chromosomensätzen? Ihr seid echt irre."

„Warum hast du dich denn nicht ein bisschen mehr gekümmert?", frag ich.

„Wie gesagt", sagt Gott. „Ich dachte halt, ihr seid schon selber groß."

„Offenbar nicht", sage ich. „Du wolltest ja auch, dass wir niemanden Vater nennen, und was ist?"

„Habetes Papam", sagt Gott. „Ihr habt einen Papst-Papa."

„Wow, du kannst ja noch Latein", sag ich.

„Ja, lange nicht mehr benutzt, aber das ist wie Fahrradfahren, das verlernt man nicht", sagt Gott.

„Und außerdem", sagt Gott, holt sich ein neues Alt und setzt sich wieder auf den Tisch, „beschwer dich nicht immer darüber, dass ich euch machen lasse, du Randalesemmel. Du könntest auch nicht tun und lassen, was du willst, wenn ich das anders handhaben würde. Prost."

„Prost", sag ich. „Was denn zum Beispiel?"

„Du könntest nicht freiwillig an mich glauben", sagt Gott. „Du könntest weder gut noch böse handeln. Eigentlich könntest du gar nichts selber, sondern würdest nur das tun, was ich durch dich tue. Meine leere Bierflasche durch eine neue ersetzen, zum Beispiel. Also sei lieber froh, sonst könntest du nicht mal mit mir reden."

Ich überlege kurz. „Würdest du dann Selbstgespräche führen?", frag ich schließlich.

„Vermutlich", sagt Gott. „Hab's nicht ausprobiert. Ich glaube, es wäre schnell langweilig."

„Also bitte", sag ich, „kein Grund, Dankbarkeit einzufordern. Das ist ja wohl für dich wichtiger als für mich. Denn wenn ich deine Marionette wäre, dann würde ich es gar nicht merken, nur du."

„Upps", sagt Gott nach einer Pause. „Erwischt."

„Also du lässt uns nur machen, damit dir nicht langweilig ist?", frag ich.

„Na das ist jetzt ein bisschen hart ausgedrückt", sagt Gott. „Ich lass euch machen, weil es sonst keine Liebe gäbe. Das hatten wir doch schon geklärt."

„Ach ja, stimmt", sag ich.

„Ach ja, stimmt", wiederholt Gott ungläubig. „Du hast vielleicht Nerven. Du könntest ruhig ein bisschen protestieren."

„Meinst du?", frag ich.

„Ja", sagt Gott. „Dafür bin ich ja da."

„Ich werde es mir merken", sag ich.

„Außerdem finde ich es immer noch total schade, dass so viele meiner Leute das Brot nicht für mich brechen dürfen", sagt Gott.

„Tjaha", sag ich.

„Aber dafür war ich dabei, als ihr das Leberwurstbrot geteilt habt", sagt Gott.

„Öh", sag ich. „Wann?"

„Ach, du weißt schon", sagt Gott. „Ihr drei hattet euch voll heftig gestritten im Vorstand, wegen der Ausstellung in der Kapelle, ich hatte schon ein bisschen Angst um euch. Und dann habt ihr länger gar nichts gesagt und dann hat Elli ihr Leberwurstbrot ausgepackt und dann hat Johannes gesagt, dass er auch Hunger hat, und Elli hat ihm das Brot hingehalten, und dann hat Johannes abgebissen und dann du und so weiter*. Das weiß ich noch genau, da war ich nämlich dabei."

„Ach das meinst du", sag ich. „Ja, da warst du da. Das hab ich gemerkt."

„Obwohl ich Leberwurst eigentlich nicht so gerne mag", sagt Gott.

„Oh, echt?", frag ich. „Warum nicht?"

„Ich finde, man hat mehr davon, wenn man sich die Giftstoffe direkt reinzieht und sie nicht nur als Rückstände mitisst", sagt Gott und hält das Alt gegen das Licht, um den Füllstand zu prüfen.

„Ach, ich dachte, du bist gegen ungesundes Zeug", sag ich.

„Aber sowas von gar nicht", sagt Gott und nimmt den letzten Schluck aus der Flasche. „Ich finde es im Gegenteil immer wieder faszinierend, dass ihr, wenn ihr sagt, ihr hättet gesündigt, meistens meint, dass ihr ein Stück Kuchen gegessen habt. Es gibt wirklich Schlimmeres."

„Komm, Gott", sag ich. „Lass uns noch eine Runde rausgehen. Wir könnten –"

Ich breche im Satz ab.

„Oh, Gott", sag ich. „Was hast du?"

Gott schüttelt sich und kehrt mit dem Blick in die Küche zurück.

* Das war natürlich vor Corona.

„Ich musste nur gerade daran denken, WAS es alles Schlimmeres gibt“, sagt Gott. „Ich würde ja gern ‚alles gut‘ sagen, aber das wäre leider nicht zutreffend.“ Gott springt vom Tisch. „Ich brauch mal frische Luft.“

Im Treppenhaus nimmt Gott immer zwei Stufen auf einmal.

„Du, Gott“, sag ich ganz außer Atem, als ich aufgeholt habe, „du hast doch gesagt, dass du dem jederzeit ein Ende machen könntest.“

„Ja“, sagt Gott und macht weiter Riesenschritte.

„Aber du tust es nicht“, sag ich im Hinterherlaufen, „wegen der Liebe?“

„So ist es“, sagt Gott. „Gratuliere zum Lernfortschritt.“

„Glaubst du, das wiegt alles auf?“, frag ich.

„Zu glauben ist ja wohl deine Sache“, sagt Gott und wird langsamer.

„Wie viel Liebe braucht es denn, um Syrien aufzuwiegen?“, frag ich.

Gott bleibt stehen und sagt nichts.

„Hast du mal probiert, Liebe zu wiegen?“, fragt Gott nach einer Weile.

„Nee, wie auch“, sag ich.

„Du würdest dich schon an einer einzigen brutal verheben“, sagt Gott.

„Warum ist das dann alles so kompliziert?“, frag ich.

Gott schweigt wieder.

„Der Haken ist, dass Liebe den Schmerz nicht wegnimmt, sondern nur noch schärfer macht“, sagt Gott schließlich.

„Ist es das denn dann wert?“, frag ich.

„Du fragst zu schnell“, sagt Gott und geht weiter. „Aber ich schätze, das hängt von euch ab.“

„Wie liebst du denn?“, frag ich.

„Diese Frage beantworte ich dir besser nicht“, sagt Gott. „Ich will mich ja noch ein bisschen mit dir unterhalten können, da wäre es ungünstig, wenn ich dir mit einer Antwort den Trip deines Lebens verschaffen würde.“

„Huch“, sag ich. „So sehr.“

„Noch viel mehr“, sagt Gott.

„Aber für uns“, sag ich, „ist das halt manchmal schwierig, die Sache mit der Liebe auf die Kette zu kriegen.“

Gott wendet sich um und streicht mir kurz über die Wange.

„Ich bin sicher, das wird schon“, sagt Gott leise, und mit normaler Stimme im Weitergehen: „Das ist eigentlich auch ziemlich Level eins. Es soll sogar Leute geben, die herausgefunden haben, dass es auf der Welt noch was Interessanteres gibt als Sex.“

„Interessanter als Sex – damit meinst du wohl dich?“, frag ich.

„Oder Käfer“, sagt Gott. „Wenn du von der Vielfalt der Arten darauf schließen würdest, wie spannend ich die jeweils finde, dann müsstest du dich an den Gedanken gewöhnen, dass ich mit Käfern deutlich mehr anfangen kann als mit Menschen.“

„Du, Gott“, sag ich. „Weißt du, was ich nicht verstehe?“

„Viel“, sagt Gott. „Aber was genau?“

„Warum kennst du jeden Käfer, aber bei uns musst du fragen?“, frag ich.

„Wie, fragen?“, fragt Gott.

„Na wie das bei uns in der Kirche ist und so“, sag ich. „Das könntest du doch auch wissen. Sogar vorher.“

„Schon“, sagt Gott. „Aber ich lass euch eben machen, das ist anscheinend wirklich schwer zu verstehen. Und Käfer haben halt auch viel weniger Pläne als ihr.“

„Du meinst, wir sind für dich so kompliziert wie du für uns?“, frage ich.

„Nur fast“, sagt Gott. „Nur fast.“

„Könntest du dich nicht ein bisschen mehr erklären?“, frag ich.

„Na hör mal“, sagt Gott. „Fändest du das etwa gut, wenn ich euch alles erklären würde?“

„Nicht alles“, sag ich. „Nur dich.“

„Na du bist mir ein Herzchen“, sagt Gott. „Und außerdem, warum reden wir nicht mal über was anderes?“

„Worüber möchtest du denn reden?“, frag ich.

„Wie wäre es mit dem Higgs-Boson?“, fragt Gott.

„Das Gottesteilchen?“, frag ich.

„Ja“, sagt Gott. „Ich fand es sehr schmeichelhaft, dass ihr es so genannt habt, auch wenn genaugenommen alle Teilchen meine Teilchen sind.“

„Na ja, sag ich. „Ich hab es eigentlich eher mit Teilchen vom Bäcker als mit Teilchenphysik.“

„Na dann wird es aber mal Zeit“, sagt Gott. „Wo es doch noch so viel Wunderbares gibt auf der Welt.“

„Aber ich hab halt Theologie studiert“, sag ich. „Weil ich wissen wollte, was diese Welt im Innersten zusammenhält. Und das bist nun mal du.“

„Das stimmt“, sagt Gott.

„Aber?“, frag ich.

„Aber den Rest musst du schon selbst herausfinden“, sagt Gott.

„Ach Gott“, sag ich. „Ich verstehe dich nicht. Aber du darfst mir gern ein Rätsel bleiben.“

„Na dann ist ja gut“, sagt Gott. „Du bist mir kein Rätsel, aber das passt schon so. Und jetzt los, hoppi-hoppi, wir werden erwartet.“

„Ich wünschte manchmal, du würdest mir Bescheid sagen, wenn du Termine für mich machst“, sag ich.

„Hab ich ja gar nicht“, sagt Gott. „Das ist doch dein Termin. Du bist damit dran, von dir und mir zu erzählen. Ich setz mich einfach irgendwo in die Bank und bleib inkognito wie immer. Bis später.“

„Gut zu wissen“, sag ich. „Bis später. Und Amen.“

Kerzchen im Dom

Im Sommer 2019 fand in Aachen, quasi in Sichtweite des Rheinischen Braunkohlereviers, die erste internationale Fridays-for-Future-Demonstration für Klimaschutz statt. Am Anfang der Fridays-for-Future-Bewegung bestreikten Schülerinnen und Schüler nach dem Vorbild der Schwedin Greta Thunberg freitags den Schulunterricht und demonstrierten für mehr und besseren Klimaschutz, um die Erdüberhitzung noch in einem erträglichen Rahmen zu halten. Zur ersten Großdemonstration in Aachen kamen schließlich 40.000 Teilnehmende.

Im gleichen Sommer 2019 nahm die Initiative „Radentscheid" für einen fahrradfreundlichen Umbau des Straßennetzes Fahrt auf, nicht nur, aber auch unter dem Eindruck mehrerer Verkehrsunfälle, bei denen Menschen auf dem Fahrrad übersehen und getötet worden waren.

„Es sind einfach zu viele", sagt Gott und stellt das Kerzchen zwischen die anderen. „So viele."

Wir stehen im Dom vor dem Kerzenständer unter der Madonna. Ich hatte Gott auf dem Münsterplatz getroffen, wir hatten Eis gegessen und dem Akkordeonspieler zugehört, von der „Fabelhaften Welt der Amélie" bis zum „Halleluja" von Cohen. Gott war sehr still gewesen. „Mensch Gott", hatte ich gefragt, „was ist los?"

„Komm, wir gehen in den Dom", hatte Gott gesagt, und da stehen wir nun.

Gott zündet schon das vierte Kerzchen an.

„Für wen sind die alle?", frag ich. „Und warum zündest du selber Kerzchen an?"

„Wie gesagt, das sind meine Merkposten", sagt Gott. „Und damit ihr wisst, dass ich sie alle nicht vergesse. Für wen die sind, weißt du bestimmt."

„Für die Radfahrerin im Kreisverkehr in Haaren", sag ich. „Und für den LKW-Fahrer. Und für die Fahrradfahrerin an der Vaalser Straße, und für diesen LKW-Fahrer auch."

„Ja", sagt Gott und geht die restlichen Kerzchen durch. „Das ist für Monas Papa, das hat ihre Lehrerin hier angezündet. Für die gestorbene Mutter, für das Nachbarskind im Krankenhaus, für die Leute, die mal in Morschenich gewohnt haben. So viel Schmerz."

Gott verstummt. Die Kerzchen flackern.

„Und für alles, was sich gar nicht sagen lässt, sondern wo Menschen mit randvollen Herzen in den Dom kommen und das muss einfach irgendwo hin", sag ich. „So viel Solidarität. Und so viel Hoffnung, dass du bei uns sein wirst."

„Ob das reicht?", fragt Gott.

„Komm", sag ich. „Wir gehen ein bisschen durch die Stadt und schauen, ob es Grund zur Hoffnung gibt."

„Es ist gut, wenn Menschen nicht alleine sind", sagt Gott, als wir Richtung Bushof gehen. „Wenn die einen für die anderen Kerzchen anzünden."

„Oder wenn Menschen zusammen was auf die Beine stellen", sag ich. „Kommst du eigentlich zum großen Klimastreik am Freitag?"

„Ich hatte es vor", sagt Gott. „Ich wollte aber inkognito bleiben wie immer."

„Glaubst du, das reicht?", frag ich.

„Ich glaube jedenfalls, dass es besser ist, hinzugehen, als nicht hinzugehen", sagt Gott. „Und wenn alle tun, was sie können. Ich glaube, dass es Menschen Mut macht, wenn sie sehen, dass sie viele sind. Und dass sie etwas bewegen."

„Wie beim Radentscheid auch", sag ich.

„Ja", sagt Gott. „Wie überall, wo Menschen gemeinsam etwas verändern. Ich bin da so gerne mit dabei. Ich gucke dann zu und hoffe, dass sie den Mut nicht verlieren. Und manchmal gehe ich dann in den Dom und zünde Kerzchen für sie an."

„Ich muss weiter", sag ich. „Aber wir sehen uns ja dann am Freitag, um 12 geht's los."

„Ist gut", sagt Gott. „Bis dann. Und Amen."

Goldene Zeiten – Missbrauchsskandal I

Anfang März 2019 haben wir den 50. Zeitfenster-Gottesdienst gefeiert und dazu wieder zum Preacher-Slam im Gottesdienst eingeladen: „Goldene Zeiten" war das Motto des Abends. Wenige Monate zuvor war die erste Übersichtsstudie über sexualisierte Gewalt in der katholischen Kirche in Deutschland, verübt von Klerikern, veröffentlicht worden.

„Goldene Zeiten am Arsch!" Gott schreit fast.

„Hey", sag ich. „Ich soll doch nur mal wieder von dir und mir erzählen. Da brauchst du mich doch nicht gleich so anzuschreien."

„Aber doch nicht in der Kirche!" Gott wird noch lauter. „Wenn da Goldene Zeiten sind, dann bin ich ein Goldenes Kalb!"

„Aber du musst doch Gott für uns sein", sag ich.

„Ich hab aber genug", tobt Gott. „Das kann doch nicht sein, dass es bei euch Leute gibt, die können Hebräisch und Griechisch und Latein, vor allem Latein, und die wissen nicht, dass man Kinder nicht anfassen darf!"

„Ist ja auch verboten", sag ich. „Steht im Kirchenrecht."

„Verboten, steht im Kirchenrecht", äfft Gott mich nach. „Verboten am Arsch!"

(Gott hat's nicht so mit gewaltfreier Kommunikation.)

„Ich hab das vorige Woche nachgeschlagen", brüllt Gott. „Weißt du, wo das steht? Das steht bei den Verstößen gegen das sechste Gebot! Du sollst nicht die Ehe brechen! Ihr habt ja wohl ’nen Schatten! Einem Kind sowas anzutun, das ist doch alles, nur kein Ehebruch! Und das so zu nennen, das ist nicht nur dumm, das ist auch herzlos!“

„Vielleicht ist das, weil in den zehn Geboten nichts zu Kindern steht“, versuche ich eine lahme Erklärung und wünsche mir im gleichen Moment, ich hätte das nicht gesagt.

„Boah“, sagt Gott dann auch gleich. „Brauchen deine Leute wirklich eine Extra-Anleitung dafür, sich nicht an Kindern zu vergehen? Im Ernst jetzt? Das ist doch sowas von Level eins!“

Gott ballt die Fäuste.

„Und weißt du was?“, zischt Gott. „Scheidung und Wiederheirat wird vom Kirchenrecht härter bestraft. Ich wünschte mir, deine Leute würden sich mal so dermaßen schämen, dass ihr eure Kirche auflöst, anstatt mich weiter mit so etwas in Verruf zu bringen. Mir langt’s! Aber so was von!“

„Wo willst du denn hin?“, frag ich.

„Ich weiß noch nicht genau“, sagt Gott. „Vielleicht in ’ne Selbsthilfegruppe.“

„Hilf dir selbst, dann hilft dir Gott?“, frag ich.

„Ach, verdammt!“, sagt Gott. „Es gibt da keinen Weg raus! Es gibt keine Welt mehr, wo das alles nicht passiert ist. Das ist jetzt so, für immer!“

Gott fängt an zu weinen.

„Und ich versuche doch, sie alle aufzufangen, die darunter gelitten haben“, stößt Gott hervor. „Aber ich weiß doch auch nicht, ob das reicht. Ob jetzt noch wieder alles gut werden kann. Zumindest gut genug für eine Ewigkeit.“

„Meinst du, es würde helfen, wenn meine Leute begreifen würden, was da wirklich passiert ist?", frag ich.

„Ja", sagt Gott leise. „Ja, wahrscheinlich. Ja, das würde wohl helfen. Schuldeinsicht nennt man das. Aber darin sind deine Leute ganz, ganz schlecht. Und dann möchten sie am liebsten immer noch den ersten Stein werfen und anderen Leuten vorschreiben, wie sie zu leben haben, und behaupten dabei auch noch, das wäre alles meine Idee! Aber nicht mehr mit mir."

Gott guckt in den Kaffeebecher. Gottes Lieblingskaffeebecher ist von der Tombola beim Feuerwehrfest und trägt die Aufschrift „Wenn's mal brennt". Der ist jetzt wohl genau richtig.

„Goldene Zeiten also, sagst du", sagt Gott, diesmal ohne zu schreien.

„Ja", sag ich vorsichtig. „Um uns an dich zu halten und dein Wort ein bisschen zum Leuchten zu bringen. Wenn du das noch willst."

„Aber Gold", sagt Gott, „ist doch eigentlich total nutzlos. Niemand kann Gold wirklich gebrauchen. Da hatte ich mich bei der Schöpfung eigentlich nur mal so ein bisschen amüsiert."

„Na ja, man kann schöne Kleider draus machen", sag ich und deute auf mein Kleid aus Goldpailletten-Stoff. „Und außerdem wäre nutzlos doch genau richtig. Denn wenn wir dich brauchen würden, könnten wir ja nicht an dich glauben."

„Goldene Zeiten erkennt man oft erst im Nachhinein, weißt du", sagt Gott. „Da ist die Zeit vorbei und dann sagen alle, ach damals, DAS waren noch Goldene Zeiten. Ich finde zum Beispiel im Nachhinein die Zeit der Dinosaurier ganz toll. Echt mal, da ging was. Aber währenddessen hat es mich eben auch manchmal genervt, wenn so ein 30-Tonnen-Tier sich mit einem walnussgroßen Gehirn durch meine Schöpfung gewälzt hat. Aber die haben wenigstens ihre Kleinen in Ruhe gelassen. Und die Steinzeit! Zum ersten Mal Menschen singen hören, das war schön. Das war schön." Gott seufzt. „Ach ja. Ist vorbei."

„Goldene Zeiten am Arsch", sagt Gott noch einmal, stellt den Kaffeebecher ab und steht auf. „Mach's mal gut, man sieht sich. Grüß deine Leute von mir."

Gott wendet sich zum Gehen.

„Halt", rufe ich. „Halt doch nochmal!"

Gott hält inne.

„Meinst du, es kann vielleicht nochmal Goldene Zeiten geben?", frag ich.

Gott dreht sich nochmal um.

„Nicht um jeden Preis", sagt Gott. „Aber wenn ich ihre Tränen in meine Hand gezählt habe und daraus Perlen für die Stadttore für das Goldene Jerusalem mache und wir uns da einmal treffen, und weinen und lachen und das nicht zynisch ist. Dann vielleicht. Bis dahin liegt's an euch. Bis dann. Und Amen."

Niemand hätte mir geglaubt – Missbrauchsskandal II

Im Nachgang der Studie über von Klerikern verübte sexualisierte Gewalt gegen Kinder haben auch lokale Medien das Thema immer wieder aufgegriffen, so auch die Aachener Nachrichten, die im Herbst 2019 einen langen Bericht über Betroffene aus Aachen unter der Schlagzeile „Niemand hätte mir geglaubt" veröffentlichte.

„Du bist so still in letzter Zeit", sagt Gott.

„Oh, du bist da", sag ich.

Gott hatte neben dem Kaffeeautomat gestanden und vergeblich nach Kleingeld gekramt, als ich gerade mit meiner Tasse angekommen war.

„Willst du auch einen Espresso?", frag ich.

„Sehr gern", sagt Gott. „Einen doppelten. Danke."

Neben der Kaffeebar liegt die Zeitung aus, auf der Titelseite ein Kind in Messdienergewand und die Überschrift „Niemand hätte mir geglaubt".

„Du bist so still in letzter Zeit", sagt Gott noch einmal.

„Was soll ich auch noch sagen", sag ich und deute auf die Zeitung. „Und in welcher Sprache bloß."

„Wie meinst du das?", fragt Gott.

„Katholisch ist doch meine religiöse Muttersprache", sag ich. „Katholisch ist die Sprache, in der ich mit dir reden kann. Und jetzt geht das vielleicht nicht mehr."

Gott schweigt.

„Erinnerst du dich noch, als ich in Israel in der Schoah-Gedenkstätte war?“, frag ich.

„Ja“, sagt Gott. „Wie auch nicht.“

„Weißt du noch“, frag ich, „wie ich die Ausstellung mit den Bildern angeschaut habe, auf denen die Plakate und Banner der Nazis gegen Juden zu sehen waren, und unter den Bildern standen die Übersetzungen? Und wie erschrocken ich war, als ich gemerkt habe, dass alle Leute um mich herum die Übersetzungen gelesen haben, nur ich brauchte das nicht, denn die Sprüche auf den Plakaten, das war ja meine Muttersprache?“

„Ja“, sagt Gott.

„So ist das jetzt auch“, sag ich.

„Weißt du was?“, sagt Gott nach einem Moment und nimmt mir meine Kaffeetasse aus der Hand. „Du brauchst jetzt wohl mal meine.“ Gott tauscht unsere Kaffeebecher aus. „Oh, dein Lieblingskaffeebecher“, sag ich. „Für wenn's mal brennt.“

„Ja“, sagt Gott. „Das ist vielleicht ein Anfang.“

„Kann man eine Sprache noch verwenden, die so viel Leid verbirgt?“, frage ich.

„Genauso kannst du auch fragen, ob man eine Welt im Dasein halten kann, auf der so viel Leid geschieht“, sagt Gott.

„Und, kann man?“, frag ich.

„Ja“, sagt Gott leise, „aber es ist schwer.“

„Und dann ist es auch noch ausgerechnet deine Kirche“, sag ich.

„Ja“, sagt Gott. „Aber ich wollte mich euch doch zeigen. Ich hatte so eine Sehnsucht danach, dass ihr wisst, dass ich da bin. Ich wollte so gerne bei euch sein. Ich wollte in eure Worte und Zeichen kommen, ganz nah.“

„Aber die sind nur für Männer“, sag ich.

„Boah, nicht schon wieder“, sagt Gott. „So hab ich das nie gesagt und nicht gemeint, ey. Das weißt du doch.“

„Ja, das wissen ganz viele“, sag ich. „Aber das zu wissen, ändert nichts. Wir dringen nicht durch. Und jetzt das.“ Ich stelle Gottes Lieblingskaffeebecher neben die Zeitung.

„Jetzt gibt es Menschen bei uns, deren Seelen sind an deiner Kirche zerbrochen“, sag ich. „Weil sie deinen Leuten vertraut haben. Wie soll ich denn da nicht still werden.“

„Meine Kirche“, sagt Gott leise.

„Ja“, sag ich. „Und meine. Und jetzt das. Was sollen wir denn jetzt bloß noch machen.“

„Ich weiß nicht“, sagt Gott. „Aber ich glaube, nur still werden geht auch nicht. Wer soll denn sonst für die sprechen, die nicht mehr selber sprechen können, wenn nicht ihr?“

„Da hast du wohl recht“, sag ich nach einer Pause.

„Wenn ihr schon still werdet“, sagt Gott, „dann so, dass es alle hören. Oder zumindest die, die glauben, nichts ändern zu dürfen.“

Ich gebe Gott den leeren Kaffeebecher zurück.

„Danke“, sag ich.

„Ach“, sagt Gott. „Ich sag heute mal nicht ‚Bis bald mal wieder, und Amen‘, o.k.? Mir ist heute nicht danach.“

„Ja“, sag ich.

Gott wendet sich zum Gehen.

„Aber so wird es nicht bleiben“, sagt Gott. „So nicht.“

„Nein“, sag ich.

„Du vergisst das nicht, oder“, sagt Gott.

„Nein“, sag ich. „Mach ich nicht. Aber ob ich auf Katholisch noch werde beten können, das weiß ich noch nicht.“

„Ja“, sagt Gott. „Das versteh ich. Solange du nicht vergisst, dass ihr nicht alleine seid. Hab es gut.“

„Du auch“, sag ich. „Und Amen.“

Wohin denn damit? – Missbrauchsskandal III

Auch dieses Gespräch fand unter dem Eindruck der Veröffentlichungen über sexualisierte Gewalt in der Kirche statt.

„Ihr müsst bitte ganz dringend damit aufhören", sagt Gott und bückt sich, um einen Lamettafaden von der Treppe aufzuheben.

„Womit?", frag ich.

„Damit, mich weiter in eure Kirchen und Gebete zu rufen, als wäre nichts gewesen", sagt Gott und streicht den Lamettafaden behutsam glatt.

Ich sage nichts.

„Es sind so viele", sagt Gott. „So viele. Manche sind schon ganz alt, das ist 60 oder 70 Jahre her, und es ist immer noch nicht vorbei." Gott streicht wieder und wieder mit dem Finger über den Lamettafaden.

„Und es kommen immer noch welche dazu", sagt Gott, „die sind klein, und verstört. Oder sie waren gerade auf dem Weg ins Erwachsenwerden."

Gott lässt den Lamettafaden los, und er trudelt auf die nächste Stufe. Wir wollten eigentlich gerade zum Copyshop, um die Liedhefte für den Gottesdienst abzuholen.

„Aber", sag ich und gehe langsam weiter runter, „wo sollten wir denn hin mit all dem, wenn du nicht mehr bei uns wärst? Wenigstens du musst doch zuhören und mit uns hinschauen. Und außerdem sind diese anderen doch auch noch bei uns, zum Teil zumindest."

„Ja", sagt Gott. „Drinnen und draußen ist so eine Frage, nicht wahr."

„Wir wollten einen Ort haben, wo wir wissen, dass du da bist", sag ich. „Einen Ort, wo wir mit dir reden können. Und wo du uns singen hörst."

„Ich fand das ja auch eine gute Idee", sagt Gott, bleibt am Fuß der Treppe stehen und setzt sich schließlich auf die Stufen. „Aber so war das nicht gedacht."

„Nein", sag ich und setze mich daneben. „So war das nicht gedacht."

„Das geht jetzt nicht auf, oder", sagt Gott. „Liedhefte abholen und die Kirche vorbereiten und dabei wissen, was passiert ist."

„Nein", sag ich. „Das geht nicht auf."

„Aber du machst es trotzdem", sagt Gott.

„Ja", sag ich.

„Warum?", fragt Gott.

„Weil ich mich daran festhalten will, dass du trotzdem noch da bist", sag ich. „Und weil ich nicht weiß, wohin sonst."

Gott schweigt.

„Und weil ich mich vor dem Moment fürchte, wo ich merke, dass ich das nicht mehr kann", sag ich. „Die Kirche für dich vorbereiten und singen und so."

„Ja", sagt Gott. „Darum sag ich ja, ihr müsst damit aufhören."

„Aufhören zu versuchen, zusammen für dich zu singen?", frag ich.

„Nein", sagt Gott. „Singen ist was Gutes. Aber nicht, als wäre nichts gewesen."

„Ja", sag ich.

Wir schauen eine Weile vor uns hin.

„Komm“, sagt Gott schließlich und steht auf. „Vielleicht hilft es ja, wenn ihr nachher zusammen seid.“

„Vielleicht“, sag ich, stehe auch auf und gehe zur Haustür. „Ich hoffe es. Bis bald mal wieder. Und Amen.“

Parole Mandelzweig

Im Februar 2020 deutete sich die Wucht, mit der das Corona-Virus in Europa ankommen würde, gerade erst an. An der griechischen Europa-Außengrenze kam es zu massiven Einsätzen von Sicherheitskräften gegen die Gruppen von Geflüchteten, die die türkisch-griechische Landgrenze zu Fuß passieren wollten, darunter viele Familien mit Kindern. Gleichzeitig rissen die Nachrichten nicht ab, dass beim Versuch, über das Mittelmeer nach Europa zu kommen, beinahe täglich Flüchtende ertranken – auch darunter immer wieder Kinder. In Thüringen sorgte die erste Wahl eines Ministerpräsidenten, der mit Stimmen der AfD ins Amt kam, für einen bundesweiten Eklat. Und der Papst veröffentlichte eine Rede, in der er in altbewährter Genderrollen-Theologie Frauen für ihre Zärtlichkeit lobte.

„Hallo“, sagt Gott, als ich gerade mit dem Frühstück fertig bin. „Wie ist es denn so?“

„Oh, hallo Gott“, sag ich. „Bitte, setz dich doch.“

Gott setzt sich auf den Tisch, wie immer.

„Magst du auch noch einen Espresso?“, frag ich.

„Gerne“, sagt Gott. Ich mache uns zwei doppelte und stelle Gott einen hin.

„Danke“, sagt Gott. „Also, wie ist es denn so?“

Ich versuche, die Zeitung unauffällig aus Gottes Blickfeld zu ziehen. Gott merkt das natürlich und schaut hin. Ich schaue weg.

„Ach, Gott“, sag ich. „Griechenland und Kleinkinder an der Grenze, Kleinkinder auf dem Arm, die weinen wegen Tränengas und Angst, Stacheldraht und Barrieren, und Kleinkinder ertrinken im kalten Wasser und hier drin bin ich, im Hort der Menschenrechte und der Freiheit, und ich tue nichts."

„Du hast unterschrieben und gespendet", sagt Gott.

„Ja", sag ich. „Aber das reicht doch nicht. Ich müsste schreien und es hat mir die Sprache verschlagen, aber so was von."

„Es ist nicht gut, wenn du damit alleine bist", sagt Gott.

„Wo bist du denn an dieser verdammten Grenze?", frag ich.

„Ich bin auf dem Arm", sagt Gott leise, „und weine wegen Tränengas und Angst."

„Und ich will nicht hinschauen", sag ich, „weil ich hier sitze und nichts tue und auch gar nicht wüsste, was." Ich breche ab und wir schweigen lange.

Gott wischt sich über die Augen.

„Aber weißt du", sagt Gott, „beim Gottsein ist das so, dass alles gleichzeitig ist. Tränengas und Angst an der Grenze und Espresso bei dir und alles."

„Beim Menschsein ist auch viel gleichzeitig", sage ich. „Aber unser Gehirn kriegt das nicht hin und darum fällt immer was hintenüber, was eigentlich auch ist. Faschisten, die Ministerpräsident werden wollen, und Päpste, die Frauen für zärtlich halten, und Viren und eine Kirche, die nicht begriffen hat, was es bedeutet, wenn Seelen kaputtgehen, und der plötzliche Gedanke an meinen Opa, der noch den Piloten im Cockpit gesehen hat, den er abgeschossen hat, der hatte eine rote Jacke an."

„Das ist aber auch viel", sagt Gott.

„Und da würde ich mir so wünschen, mehr von dir zu wissen“, sage ich. „Ob du bei uns bist.“

„Ach Herzchen“, sagt Gott.

„Weißt du noch“, sagt Gott nach einer weiteren Pause, „das Lied vom Mandelzweig?*“

Ich überlege kurz.

„‚Freunde, dass der Mandelzweig wieder blüht und treibt?‘“, frage ich.

„Ja“, sagt Gott. „Und die Magnolie am Dom kriegt schon Knospen.“

„Wie der Mandelzweig“, sage ich. „‚Bleibe uns ein Fingerzeig, dass das Leben siegt‘, oder?“

„Ja“, sagt Gott. „Und ich kenne jede Blüte, und ich lasse das Leben explodieren, und ich weine, wenn Kinder weinen, und versuche, in dein Herz zu kommen, wenn es dir die Sprache verschlägt. Uff, das war jetzt aber echt eine Ansprache, oder?“

„Ja“, sage ich. „Danke.“

Wir schweigen noch eine Weile, bis Gott aufsteht und unsere Kaffeetassen in die Spüle stellt.

---

* Gott zitiert hier das Gedicht „Freunde, dass der Mandelzweig“ von Schalom Ben-Chorin aus dem Jahr 1942, in dem wiederum ein Trostwort aus dem biblischen Buch Jeremia nachklingt (vgl. Jer 1,11–12): „Freunde, dass der Mandelzweig wieder blüht und treibt/ist das nicht ein Fingerzeig/dass die Liebe bleibt?/Dass das Leben nicht verging/so viel Blut auch schreit/achtet dieses nicht gering/in der trübsten Zeit/Tausende zerstampft der Krieg/eine Welt vergeht/Doch des Lebens Blütensieg/leicht im Winde weht/Freunde, dass der Mandelzweig/sich in Blüten wiegt/das bleibt mir ein Fingerzeig/für des Lebens Sieg.“; siehe „Freunde dass der Mandelzweig“, Text: Schalom Ben-Chorin (nach Jer 1,11), Melodie: Fritz Baltruweit, © (Text) 1942 Hänssler, © (Melodie) tvd-Verlag, Düsseldorf.

„So“, sagt Gott. „Komm. Du hattest doch Pläne für heute. Frauenseelsorge und so.“

„Ja“, sag ich. „Aber manchmal ist das echt schwer. Weil ich so wenig ausrichten kann, weißt du.“

„Ja, weiß ich“, sagt Gott. „Parole Mandelzweig, o.k.?“

Ich muss lächeln.

„O.k.“, sag ich. „Parole Mandelzweig. Das ist gut.“

„Ihr seid nämlich meine Ladys“, sagt Gott. „Wenn ihr miteinander Banden bildet, dann geht viel.“

„Wenn du das sagst“, sage ich. „Und wenn du dabei bist.“

„Sag ich und bin ich“, sagt Gott. „Grüß die Ladys von mir.“

„Ja, mach ich“, sage ich.

„Danke“, sagt Gott. „Ich mag euch nämlich echt gern, weißt du.“

„Ja“, sag ich. „Parole Mandelzweig. Und Amen.“

Das Streuselbrötchen

Im Frühjahr 2020 stand Deutschland unter dem Eindruck des abrupten Herunterfahrens des öffentlichen Lebens wegen der Covid-19-Pandemie. Die Schulen blieben geschlossen, Geschäfte, die nicht den täglichen Bedarf deckten, und kulturelle Einrichtungen ebenso. Dabei griffen auch irrationale Phänomene um sich, wie etwa, dass so viele Menschen einen Vorrat an Nudeln, Mehl, Hefe und Toilettenpapier anlegten, dass dies alles über Wochen ausverkauft war und, wenn die Waren im Laden vorrätig waren, diese nur in kleinen Mengen abgegeben werden durften. In den ersten Wochen der Corona-Maßnahmen fanden auch keine Gottesdienste in den Kirchen statt und es griffen weitgehende Kontaktverbote.

„Wovon träumst du denn so?“, fragt Gott.

Wir sitzen auf dem Münsterplatz und schauen der Magnolie am Dom beim Blühen zu. Ich hatte Gott und mir je ein Streuselbrötchen gekauft und Gott dann gefragt, was die Zukunft wohl bringen würde. „Erstmal ein Streuselbrötchen, offenbar“, hatte Gott gesagt. „Und für alles danach ist vielleicht die bessere Frage: Wovon träumst du denn so?“

„Na ja“, sag ich. „Ich merke gerade, wie selbstverständlich ich vieles genommen habe. Klopapier zum Beispiel. Und mich mit Leuten zu treffen. Das geht hoffentlich bald wieder.“

„Das verstehe ich“, sagt Gott.

„Es ist so krass, was da jetzt alles so gleichzeitig ist“, sag ich. „All die kleinen und großen Sorgen.“

„Ja", sagt Gott. „So gleichzeitig ist es immer. Das merkt ihr nur nicht so, wenn euer Leben normal läuft."

„Und deine Kirche", sag ich.

„Was ist damit?", fragt Gott.

„Ach", sag ich, „ich frag mich, ob mir eigentlich was fehlt, wenn im Dom kein Gottesdienst ist. Und ich habe gemerkt, dass zusammen beten auch nur geht, wenn man sich dabei verbunden fühlen kann. Und dass es irgendwie nicht reicht, immer nur Männern zuzuhören."

„Aber das ist echt mal euer Ding", sagt Gott. „Das mit dem Dom und mit den Regeln, wer wann reden darf und dass Frauen nicht so richtig mitmachen dürfen, das war nicht meine Idee."

„Ich glaube, ich wünsch mir das nicht zurück", sag ich. „Weil, nur dasitzen und zuhören fehlt mir ja gar nicht. Mir fehlt, mit meiner Freundin einen Kaffee zu trinken und Leute zur Begrüßung zu umarmen und meine Oma zu besuchen."

„Und ich will einfach nur bei euch sein", sagt Gott.

„Ich wünsche mir, dass wir das Zusammensein richtig genießen, wenn es wieder geht", sag ich. „Und dass wir uns dann gegenseitig erzählen, was uns wirklich wichtig ist."

„Das wäre schön", sagt Gott. „Da bin ich dann auch dabei."

„Du bist jetzt auch da, oder?", sag ich.

„Klar", sagt Gott. „Aber ihr könntet die Zeit jetzt trotzdem mal dazu nutzen, euch zu überlegen, was ihr eigentlich von mir wollt."

„Ach", sag ich, „so schwer ist das nicht, glaub ich. Wir wollen von dir wissen, ob du bei uns bist. Und wie wir das merken können."

„Das ist doch schon mal ein guter Anfang“, sagt Gott. „Dann könnt ihr ja als Nächstes darüber nachdenken, was ihr dafür wirklich braucht. Und ob das Männer wirklich besser können als Frauen.“

Ich gucke skeptisch.

„Kleiner Tipp“, sagt Gott, „wenn ihr zum Ergebnis kommt, ich hätte nur Männer berufen, ist beim Nachdenken noch viel Luft nach oben.“

„Sag das halt mal den anderen“, sage ich.

„Ach“, sagt Gott, „ihr schafft das schon. Danke für das Streuselbrötchen.“

„Bitte“, sag ich. „Und danke, dass du da warst, das war jetzt schön hier mit dir.“

„Immer gerne“, sagt Gott. „Hab es gut, bis bald mal wieder. Und Amen.“

Regensterne

Zu Weihnachten 2020 wurden die meisten Gottesdienste relativ kurzfristig abgesagt, weil trotz verschärfter Maßnahmen die Corona-Ansteckungszahlen immer höher gestiegen waren, so auch bei Zeitfenster. An Heiligabend 2020 regnete es in Strömen. Beides ist in den Zeitfenster-Weihnachtsgruß eingeflossen.

„Ich hab dich oft vermisst dieses Jahr", sag ich und wringe im Hausflur meine Handschuhe aus, während mein Fahrrad vor sich hin tropft.

„Ich dich auch", sagt Gott. „Du musst die Bremsklötze austauschen, übrigens."

„Ja", sag ich, „ich versuch dran zu denken."

Wir schauen durch die offene Tür in den Regen.

„Was für ein Jahr", sag ich. „Und ich hätte gehofft, dich gleich beim Weihnachtsgottesdienst zu treffen, wenigstens ganz kurz bei der Musik. Stille Nacht und so."

„Ja", sagt Gott, „das war immer so einfach, sich bei Musik zu treffen, und jetzt geht das so lange nicht."

„Es sind so viele alleine", sag ich.

„Oder krank", sagt Gott.

„Ja", sag ich. „Wir haben ziemlich Angst, weißt du. Um Leute und vor dem langen Winter und um alles, was unser Leben sonst schön gemacht hat. Dass das nicht wiederkommt."

Mein Fahrrad tropft immer noch.

„Es tut mir so leid", sagt Gott leise. „Ich wünschte, ich könnte es euch leichter machen."

„Heute ist Heiligabend“, sag ich.

„Da hättet ihr euch sonst getroffen“, sagt Gott. „Du und die anderen und ich. In der Kirche und danach.“

„Dieses Jahr nicht“, sag ich. „Das fühlt sich so seltsam an. Aber du hattest ja schon mehr seltsame Weihnachten, oder.“

„Ja“, sagt Gott. „Vom ersten Mal an.“

„Weißt du was“, sagt Gott nach einer Pause. „Du könntest fest an die anderen denken, wenn du die Kerzen nachher anzündest.“

„Das klingt nach einem Plan“, sag ich.

„Und ich geh noch herum und versuche, so viele wie möglich abzupassen“, sagt Gott. „Die zu Hause und die, die sich irgendwo verkrochen haben. Und dann geh ich wieder ins Krankenhaus.“

„Ich wünschte, ich könnte was tun“, sag ich.

„Frag mich mal“, sagt Gott.

Wir schauen weiter in den Regen.

„Ich muss“, sagt Gott schließlich.

„Schau mal“, sag ich, „die Regentropfen in der Pfütze da sehen im Laternenlicht aus wie Sterne.“

Gott lächelt und wischt sich über die Wange.

„Da siehst du mal“, sagt Gott. „Regensterne.“

„Danke, dass du da warst“, sag ich und schließe die Kellertür auf, um mein Fahrrad runterzutragen. Gott nimmt den Keil aus der Haustür und dreht sich nochmal um.

„Frohe Weihnachten“, sagt Gott. „Und bis bald mal wieder, okay?“

„Ja“, sag ich. „Dir auch frohe Weihnachten. Und allen, zu denen du jetzt weiterziehst, auch.“

„Amen“, sagt Gott und schließt sachte die Haustür hinter sich.

Katholisch, offen, frei

Die Karl-Rahner-Akademie ist eine selbständige katholische Akademie in Köln, getragen von einem Verein. Dieser lädt jedes Jahr zum Dreikönigsfest zu einem Empfang ein. Im Jahr 2021 fand dieser Empfang wegen der unveränderten Pandemie-Lage weitgehend digital mit einem Preacher-Slam statt, der unter dem Motto „katholisch – offen – frei" stand. In Köln nahm unterdessen der Skandal um ein zurückgehaltenes Gutachten der Anwaltskanzlei Westphal-Spilker-Wastl Fahrt auf. Das Gutachten sollte die Personalstrukturen des Erzbistums darstellen und die Faktoren und systemischen Ursachen benennen, die sexualisierte Gewalt gegen Kinder in der katholischen Kirche ermöglicht, einen angemessenen Umgang damit verhindert und zu langjähriger Vertuschung geführt hatten. Es sollte außerdem das Handeln der beteiligten Personen in Beziehung zum eigenen moralischen Anspruch der Kirche setzen und bewerten. Der amtierende Erzbischof verhinderte entgegen einer vorangegangenen Zusage die Veröffentlichung und beauftragte eine andere Kanzlei, die Vorgänge nach ausschließlich juristischen Kriterien zu prüfen. Dieses Vorgehen führte zu einem breiten Proteststurm und bis dahin nie erreichten Zahlen von Kirchenaustritten.

„Du hattest recht", sag ich, als ich den ersten Bremsklotz der Hinterradbremse ausgebaut habe. „Das war wirklich hohe Zeit, die zu wechseln."

„Ich weiß, sagt Gott. „Darum hab ich es dir ja gesagt."

Ich schraube die neuen Bremsklötze fest und bewege probeweise das Rad.

„Das ist zu fest“, sagt Gott.

„Ich hab es gemerkt“, sag ich und gebe dem Bremszug deutlich mehr Länge. „Wie passend.“

„Wie meinst du das?“, fragt Gott.

„Ach, wir leben gerade so mit angezogener Bremse“, sag ich.

„Bis auf das Virus“, sagt Gott.

„Ja“, sag ich und probiere wieder.

Jetzt ist es zu locker.

„Gute Idee mit den Gummihandschuhen“, sagt Gott anerkennend.

„Hab ich von einem Radfahrer-Kollegen, der mir mal so nett geholfen hat, als ich unterwegs eine Panne hatte, weißt du noch?“, sag ich. „Sonst wäre das echt eine sehr dreckige Angelegenheit.“

„Man könnte denken, du sprichst von deiner Arbeit“, sagt Gott.

„Was?“, frag ich irritiert. „Ich arbeite doch für deine Kirche.“

„Ich dachte zwar, du arbeitest für mich“, sagt Gott, „aber da fährst du doch auch oft mit zu eng eingestellter Bremse und dreckige Finger kriegt man dabei manchmal auch. Beim Flipchartmalen und so.“

„Ich finde es viel schwieriger, dass man auch Schatten auf der Seele kriegt“, sag ich. „Finger kann man waschen. Dass ich nur noch randkatholisch bin, kann ich nicht so gut ändern.“

„Randkatholisch“, wiederholt Gott. „Du hast vielleicht Ideen.“

„Ja", sag ich. „Randkatholisch ist, wenn man das Zentrum nur noch mit sehr viel Skepsis anguckt und immer aufpassen muss, nicht zynisch zu werden."

„Wo das Zentrum ist, ist immer noch meine Sache", sagt Gott.

„Normalerweise ist das doch dein Part", sag ich, „jedes Gespräch über deine Kirche abzuwürgen. Von wegen, die Welt wäre so groß und ob ich nicht mal über was anderes reden könnte und so."

„Jaaaa", sagt Gott gedehnt. „Aber das ist in etwa wie mit deinen Bremsen, oder? Jetzt wird es wirklich hohe Zeit."

„Schlimmer", sag ich. „Die waren nur abgefahren bis auf den letzten Millimeter. Aber Bremsen kann man wechseln, Kirchen sind da eine ganz andere Hausnummer."

„Der Laden ist echt ziemlich am Arsch, oder?", sagt Gott.

„In manchen Bistümern sogar mehr als das", sag ich. „Aber wo es nur um die Armen und dich geht, da kann es total schön sein! Da träum ich manchmal von, wie schön das ist."

„Du musst davon erzählen", sagt Gott.

„Aber mit welchen Worten bloß", sag ich. „Wir haben die meisten Worte so abgenutzt wie diese Bremsklötze."

„Also bis zur Unkenntlichkeit", sagt Gott.

Ich sag nichts und zieh die Schraube am Bremszug fest.

„Auch eins?", fragt Gott und zieht zwei Flaschen Altbier aus der Tasche.

„Ja, gern“, sag ich, packe den Schraubenschlüssel weg, sammele die Schrauben und Unterlegscheiben von den alten Bremsklötzen zusammen und ziehe mir die Handschuhe ab. Dann nehme ich die Flasche, die Gott mir hinhält, und setze mich damit auf die Kellertreppe. Gott lässt den Bügelverschluss aufplöppen und guckt zufrieden.

„Prost“, sagt Gott.

„Also ich soll davon erzählen, wie schön das werden könnte mit dir und uns?“, frag ich.

„Bitte“, sagt Gott.

Ich nehme einen Schluck und überlege. „‚Nachts im Mondschein lag auf einem Blatt ein kleines Ei‘, rezitiere ich dann aus der Erinnerung. (Hundertfache Wiederholungen hinterlassen ihre Spuren im Gehirn.) „Und als an einem Sonntagmorgen die Sonne aufging, hell und warm, da schlüpfte aus dem Ei – knack – eine kleine, hungrige Kirche. Sie machte sich auf den Weg, um Futter zu suchen. Am Montag fraß sie sich durch ein Judentum, aber satt war sie noch immer nicht. Am Dienstag fraß sie sich durch zwei Römische Reiche, aber satt war sie noch immer nicht ...“*.

„Sag mal, hast du sie noch alle?“, fragt Gott. „Was soll das denn werden?“

„War ja nur so eine Idee“, sag ich. „Geht immerhin gut aus, oder?“

„Was würdest du denn für den Samstag sagen?“, fragt Gott. „Da fraß sie sich durch unzählige Kinderseelen, ja?“ Gott schnaubt.

„Und durch Gutachten“, sag ich. „An diesem Abend hatte sie Bauchschmerzen. Darum fraß sie sich am

* Angelehnt an eine Erzählung aus dem Kinderbuch „Die kleine Raupe Nimmersatt“ von Eric Carle.

nächsten Tag durch ein grünes Blatt. Dann baute sie sich ein enges Haus, das man Kokon nennt, und blieb darin – ja, wie lange eigentlich?“

Gott guckt.

„Ich denke ja nur laut“, sag ich. „Sehr eng muss es sein, sonst funktioniert es nicht. Eng und undurchdringlich und dunkel.“

„Und innendrin ist voll der Modder“, sagt Gott.

„Dann knabberte sie sich ein Loch in den Kokon“, sag ich, „zwängte sich hinaus und war – eine wunderschöne ... was auch immer. Auf jeden Fall etwas anderes als vorher.“

„Versammlung“, sagt Gott. „Meine Versammlung.“

„Klingt ein bisschen nüchtern“, sag ich.

„Fehlt dir etwa was?“, fragt Gott. „Gold vielleicht oder meterhohe Türen oder spezielle Kleidung oder so?“

„Nein, nein“, sag ich. „Passt schon.“

„Na dann ist ja gut“, sagt Gott.

„Ich wüsste ein gutes Motto für deine wunderschöne Versammlung“, sag ich. „Katholisch, offen, frei, wie wär's damit?“

„Das sind ja gleich drei Wünsche auf einmal“, sagt Gott.

Ich lache.

„Ich bin doch kein Osterei, ey“, sagt Gott.

Ich verschlucke mich fast.

„Wäre dir ‚quadratisch, praktisch, gut‘ lieber?“, frag ich.

Jetzt ist Gott dran mit dem Lachen. Gottes Lachen klingt in etwa wie Dosenfußball auf einem Schrottplatz.

„Nee im Ernst“, sagt Gott schließlich. „Vergiss das mit dem katholisch. Das ist auch so ein abgenutztes

Wort. Ja, ich weiß, dass das allumfassend heißt, ich spreche die alten Sprachen deutlich fließender als du."

„Du meinst, weil das so ein Wir-sind-wer-Begriff geworden ist?", frag ich.

„So in etwa", sagt Gott.

„Na ja, keine Gefahr in der Hinsicht derzeit", sag ich.

„Trotzdem", sagt Gott. „Etwas Vorläufigeres fände ich gut."

„Selbstvergessen", schlage ich vor.

„Selbstvergessen", wiederholt Gott. „Oh ja. Das passt. Das war ich auch, damals, als alles anfing. Das ist ein schönes Wort für meine Versammlung."

Nebenan springt die Heizung an.

„Erzähl mir davon, wie das sein kann mit dir und uns", sag ich.

„Hab ich doch schon", sagt Gott. „Probier du doch lieber noch mal, was du davon noch so zusammenkriegst."

„Ist das jetzt so 'ne Art Firmunterricht?", frag ich.

„Siehst du hier irgendwo dicke bunte Filzstifte und Moderationskarten?", fragt Gott zurück.

„Wie auch immer", sag ich und zähle an den Fingern ab. „Vom Leben erzählen", sag ich. „Leute sattmachen. Teilen. Leute auf der Flucht aufnehmen. Sterbende nicht alleine lassen. Fehlt noch was?"

„Fünf", sagt Gott. „Nicht schlecht. Und dann essen wir zusammen."

„Und singen, wenn man das wieder darf", sag ich.

„Aber nicht gleichzeitig, bitte", sagt Gott.

„Mensch Gott, echt mal", sag ich und boxe Gott gegen den Oberarm.

Gott lacht wieder ein scheppperndes Lachen.

„Ach lass mich doch", sagt Gott. „Noch seid ihr eh im Kokon-Stadium."

„Und drum herum dreht sich die Welt weiter und könnte uns doch brauchen", sag ich und lasse die Flasche am Bügelverschluss baumeln.

„Leer?", fragt Gott und streckt die Hand nach der Flasche aus.

„Ja", sag ich und reiche sie rüber.

„Also ich bin mal nett", sagt Gott, „und sage jetzt nichts von wegen ‚Flasche leer, habe fertig', o.k.?"

„Danke, ich weiß das zu schätzen", sag ich und packe mein Zeug zusammen. „Aber ich frage mich, ob das wohl reicht, gelegentlich am Kokon zu kratzen."

„Das wird die Frage sein", sagt Gott. „Jedenfalls kannst du morgen wieder den Boxgraben runterbrettern. Dann noch ein paar unabgenutzte Worte dazu und es kann losgehen, liebe Frau Randkatholikin."

„Dein Wort in dein Ohr", sag ich.

Gott hebt eine versprengte Unterlegscheibe auf und legt sie mir in die Hand zu den anderen.

„Danke", sag ich. „Auch für das Alt."

„Bitte gern", sagt Gott. „Und nur zu deiner Beruhigung, ich mag Raupen. Und stell dir mal vor, wenn die erstmal fliegen lernt."

„Oho", sag ich, „dann werden uns die Augen auf- und übergehen."

Ich ziehe die Tür zum Treppenhaus auf und mache das Licht hinter uns aus.

„Bis bald mal wieder", sag ich.

„Ja", sagt Gott. „Hab es gut. Und Amen."

Große Entfernungen

Einmal im Jahr findet regulär die BDKJ-Hauptversammlung statt. Dabei kommen die beiden Säulen, die den Dachverband bilden, zusammen: die Bundesleitungen der katholischen Kinder- und Jugendverbände und die Leitungen der BDKJ-Diözesanverbände. Sie bilden das höchste beschlussfassende Gremium der katholischen Jugendverbandsarbeit. Von der Hauptversammlung wird auch der Bundesvorstand gewählt. Im Jahr 2021 fand die Versammlung zum zweiten Mal im digitalen Raum statt. Im Jahr zuvor war es bei den Wahlen, die damals zum ersten Mal digital stattgefunden hatten, zu langen technischen Verzögerungen gekommen. Der angestammte Ort der Hauptversammlung ist eigentlich die Jugendbildungsstätte Haus Altenberg im Bergischen Land, mit ein bisschen Mut zum Pathos als „das Herz des Bundes" bezeichnet. Die viertägige Versammlung tagt engagiert, in Arbeitsgruppen werden Anträge oft bis spät in die Nacht beraten, es gibt viel Austausch, viele Delegierte lernen sich über die Jahre ihres Engagements kennen, es werden Freundschaften geschlossen und natürlich ist auch genug Raum für Party. All das lässt sich auch mit viel gutem Willen in einer Zoom-Konferenz nicht gut abbilden. Die Versammlung beginnt jeweils mit einem geistlichen Impuls, so auch in diesem Jahr.

„Du musst auch den Benutzernamen richtig eingeben", sagt Gott, als ich zum dritten Mal vergeblich mein Passwort für die Startseite zur Hauptversammlung einbuchstabiert habe. Es hat viele große und kleine v's. „Guck, hier."

„Uff, danke", sag ich.

„Bitte", sagt Gott. „Ist nicht gegendert, übrigens."

„Ja", sag ich, „irgendwas ist immer."

„Ist alles ein bisschen schade, oder?", sagt Gott.

„Jetzt meinst du nicht den Benutzernamen", sag ich.

„Nee", sagt Gott.

„Ja", sag ich. „Total schade. Und letztes Jahr haben wir uns noch für unfassbar vorausschauend gehalten, wenn wir Veranstaltungen bis ins Jahr 2021 verschoben haben."

„Ah, jetzt bist du drin", sagt Gott und guckt anerkennend, als ich die verschiedenen Tabs öffne.

„Und du?", frag ich.

„Na hör mal", sagt Gott. „Ich werde doch keine BDKJ-Hauptversammlung verpassen. Auch wenn es in dem großen Saal schon was anderes ist. Mit den Tischen, an denen man denkt, ihr kriegt nie mehr was anderes zu essen. Der eine ist immer so randvoll mit Süßigkeiten."

„Das ist der von der KjG", sag ich.

„Legendär", sagt Gott.

„Weißt du, mittlerweile macht das schon mürbe", sag ich. „Corona und alles."

„Ja, das versteh ich", sagt Gott. „Das ist schon viel, was ihr gerade alles verpacken müsst." „Wenigstens treffen wir uns hier", sag ich und öffne den Bericht des Bundesvorstands. „Aber es fühlt sich nicht nach Hauptversammlung an irgendwie."

„Ja", sagt Gott. „Und es ist jetzt nicht so lange her, dass es noch gar kein Internet bei der BDKJ-Hauptversammlung gab. Und als diskutiert wurde, ob man parallel online sein dürfe."

„So ändern sich die Zeiten", sag ich.

„Ihr versucht euer Bestes“, sagt Gott. „Das bleibt.“

„Sonst sagst du immer, dass du dich dazusetzt und inkognito bleibst wie immer“, sag ich.

„Ja“, sagt Gott.

„Und diesmal?“, frag ich. „Wo bist du zwischen den ganzen Kacheln?“

„Ich hab Erfahrung mit großen Entfernungen und mit dem Dasein“, sagt Gott. „Ich komm schon klar. Und ihr hoffentlich auch.“

„Wir brauchen dich so nötig“, sag ich. „Auch wenn wir das nicht sagen.“

„Das verstehe ich“, sagt Gott. „Ich bin froh, dass es euch gibt. Und ich bin ganz schön beeindruckt, wie ihr das so schafft jetzt alles.“

„Aber hoffentlich wird es auch wieder anders“, sag ich.

„Bestimmt“, sagt Gott. „Was glaubst du, wie wir dann feiern werden.“

„Das wird episch“, sag ich.

„Auf jeden Fall“, sagt Gott. „Da freue ich mich drauf.“

„Na ja, aber jetzt ist erst mal jetzt“, sag ich.

„Ihr macht das schon“, sagt Gott. „Ihr seid doch meine Leute und wollt was Gutes erreichen. Funktioniert das Wahltool diesmal?“

„Wir haben jedenfalls unser Möglichstes dafür getan“, sag ich.

„Siehst du“, sagt Gott. „So, hoppi-hoppi, du musst dich einloggen.“

„Ja“, sag ich. „Bis bald mal wieder, o.k.“

„Ja“, sagt Gott. „Grüß deine Leute von mir, und ich wünsch euch eine gute HV.“

„Danke“, sag ich. „Und Amen.“

Weltwunder

Auf der BDKJ-Diözesanversammlung 2021 haben die Kinder- und Jugendverbände unter anderem über die Kolumbienpartnerschaft des BDKJ gearbeitet. In dieser Partnerschaft entsendet der BDKJ Freiwillige in soziale Projekte verschiedener Partnerorganisationen. Eines der Themen, die beide Parteien dieser Partnerschaft verbindet, ist der Braunkohleabbau. Im Bistum Aachen liegen die beiden Tagebaue Garzweiler und Hambach, wo Umsiedlung und Abriss von Ortschaften immer noch aktuell sind. In Kolumbien ist neben dem Braunkohletagebau auch der Goldabbau eine massive Umweltbelastung. Zum Gottesdienst während der Diözesanversammlung stand Psalm 8 als Schrifttext im Mittelpunkt:

„Herr, unser Herr, wie gewaltig ist dein Name auf der ganzen Erde, der du deine Hoheit gebreitet hast über den Himmel. Aus dem Mund der Kinder und Säuglinge hast du ein Bollwerk errichtet wegen deiner Gegner, um zum Einhalten zu bringen Feind und Rächer. Seh ich deine Himmel, die Werke deiner Finger, Mond und Sterne, die du befestigt: Was ist der Mensch, dass du seiner gedenkst, des Menschen Kind, dass du dich seiner annimmst? Du hast ihn nur wenig geringer gemacht als Gott, du hast ihn gekrönt mit Pracht und Herrlichkeit. Du hast ihn als Herrscher eingesetzt über die Werke deiner Hände, alles hast du gelegt unter seine Füße: Schafe und Rinder, sie alle und auch die wilden Tiere, die Vögel des Himmels und die Fische im Meer, was auf den Pfaden der Meere dahinzieht. Herr, unser Herr, wie gewaltig ist dein Name auf der ganzen Erde!“

„Danke", sag ich und schiebe Gott die fast leere Keksrolle rüber.

Wir sitzen auf dem Biertisch draußen vor dem Tagungsraum und haben die Reste der heutigen Konferenzverpflegung zwischen uns liegen.

„Bitte gern", sagt Gott und versucht, den vorletzten Keks aus der Packung zu ziehen, ohne ihn zu zerbrechen. „Wofür genau jetzt?"

„Für das Leben", sag ich und bediene mich dafür am Sixpack Alt, das Gott mitgebracht hatte. „Weil es so schön und manchmal so schrecklich ist."

„Oh, dafür", sagt Gott. „Das Leben."

„Ja", sag ich. „Wir sind so zerbrechlich, und dann können wir doch dieser Erde so viele Wunden zufügen. Für Braunkohle und so."

„Da hast du dir aber ein großes Thema ausgesucht für einen Samstagabend auf der DV", sagt Gott. „Prost."

„Prost", sag ich. „Aber große Themen sind doch o.k. für dich, oder."

„Ja klar", sagt Gott. „Sowas von."

„Ich finde das so krass", sag ich, „was es alles gibt auf der Welt. Nilpferde mit süßen kleinen Ringelöhrchen und tausende Käferarten und Schafe, und die Erde ist so wunderschön und der riesige Himmel mit den Millionen Sternen über uns und dann frag ich mich, warum wir auf diese Welt nicht besser aufpassen können."

„Sieben Meter lange Haie, die anderthalb Kilometer unter dem Meeresspiegel in der Tiefsee leben, und riesige Korallenriffe gibt es auch", sagt Gott. „Bis jetzt jedenfalls."

„Manchmal fühl ich mich total klein", sag ich. „Weil ich ja nicht verhindern kann, was alles kaputtgeht."

„Du bist ja auch klein", sagt Gott. „Jetzt mal so universal gesehen."

„Bist du sauer?", frag ich. „Weil wir das nicht besser hinkriegen?"

„Ach", sagt Gott. „Ich wollte euch halt machen lassen. Und das Leben wird sich schon noch durchsetzen. Das ist stärker als ihr."

„Das muss dir doch so wehtun", sag ich, „wenn was kaputtgeht, was mal lebendig war.

„Ja", sagt Gott. „Sehr."

„Aber?", frag ich.

„Nichts aber", sagt Gott. „Wenn es nicht wehtun könnte, könnte es auch nicht so schön sein, oder."

„Oder umgekehrt", sag ich.

„Ja, du Schlaumeierchen", sagt Gott. „Oder umgekehrt. Echt mal. Da haste mir jetzt aber mal was beigebracht, ey."

„Ich find das trotzdem erstaunlich, dass du dich noch um uns kümmerst, wo das Weltall doch so voller Möglichkeiten ist", sag ich.

„Ja", sagt Gott, „so bin ich."

„Hast du da draußen eigentlich noch mehr Welten?", frag ich.

„Sag ich nicht", sagt Gott und steckt sich den letzten Keks in den Mund. „Aber gute Frage."

Gott kaut und wir schweigen eine Weile.

„Übrigens", sagt Gott und wischt sich ein paar Krümel vom Bauch, „dass das Weltall so phantastisch groß ist, sollte euch wenigstens auf den Gedanken bringen, dass ich völlig entspannt damit bin, wenn bei euch irgendein Jörg einen Olaf küsst."

„Sag das mal meinem Chef", sag ich.

Gott lacht.

„Nee“, sagt Gott, „die Zeit der Diktate ist vorbei. Ab jetzt ist Selberdenken angesagt, Frau Schlaumeierchen.“

„Selberstaunen wäre vielleicht manchmal hilfreicher“, sag ich.

„Auch eine Idee“, sagt Gott. „Und ich sag mal, das ist doch schon mal ein guter Anfang, wenn du hier ein Alt mit mir trinkst und wir über das Leben reden. Das großartig und heilig ist, wenn ich das mal kurz zusammenfassen darf.“

„Darfst du“, sag ich.

„Und singt doch noch was“, sagt Gott. „Dann hör ich zu und freu mich dran.“

„O.k.“, sag ich. „Und danke auch für das Alt.“

„Immer gerne“, sagt Gott. „Bis bald mal wieder. Und Amen.“

Expedition Dankbarkeit

„Halb acht auf P8": Mit dieser Orts- und Zeitangabe hat die Initiative „Lebensraum Kirche" in St. Augustin im Sommer 2021 zu einem Abend auf dem obersten Parkdeck des Einkaufszentrums eingeladen. „Expedition Dankbarkeit" war das Jahresthema von „Lebensraum Kirche", Corona war noch nicht vorbei, aber der Sommer hatte schon einiges an Leichtigkeit verheißen. Es gab Musik, Gespräche, einen Segen, einen weiten Blick bis zum Kölner Dom – und ein Gespräch mit Gott über die anstehenden Ferien.

„Ah, du fährst weg", sagt Gott und steigt über meinen Rucksack, der gerade halb gepackt auf dem Boden liegt.

„Ja", sag ich. „Ans Wasser. Da freu ich mich so sehr drauf. Vor allem, weil ich gar nicht mehr damit gerechnet hätte, dass das dieses Jahr tatsächlich gehen würde."

„War nicht einfach, oder?", sagt Gott und setzt sich auf die Fensterbank.

„Dieses Jahr, bis jetzt?" Nee", sag ich. „Einfach wars nicht. Stört es dich, wenn ich noch kurz fertig packe?"

„Ach, mach doch eine kurze Pause und setz dich zu mir", sagt Gott und hält mir eine Flasche Zitronenlimonade hin. „Jetzt bist du eh spät dran, da kommt es auf eine Viertelstunde mehr oder weniger auch nicht mehr an."

„O.k.", sag ich, nehme die Limo und setze mich zu Gott auf die Fensterbank.

„Auf das Leben", sagt Gott und stößt sachte meine Limo an.

„Danke“, sag ich. Draußen dreht sich das Windrädchen.

„Weißt du noch, als wir an Weihnachten die Regensterne gesehen haben?“, frag ich nach einer Weile.

„Meinst du an Heiligabend, als die Regentropfen in den Pfützen vor deiner Haustür ausgesehen haben wie Sterne?“, fragt Gott.

„Ja“, sag ich. „Da hast du gesagt: Ich wünschte, ich könnte es euch leichter machen.“

„Ja“, sagt Gott.

„Ich hab anderen davon erzählt“, sag ich.

Gott guckt.

„Und die haben gesagt, ich soll dich fragen, was du dir dabei so vorstellst“, sag ich. „Ob du einen Plan hättest.“

„Oha“, sagt Gott. „Du stellst Fragen.“

„Hört sich ziemlich nach einem Nein an“, sag ich.

„Du weißt doch, dass das mit den Plänen nicht so einfach ist“, sagt Gott.

„Spätestens seit letztem Jahr“, sag ich. „Ja. Das war echt kein Level eins. Es hat so viel gefehlt. Und wir wissen immer noch nicht, was alles noch kommt.“

„Sowas von nicht Level eins“, sagt Gott.

„Irgendwie ist das tröstlich“, sag ich. „Dass du das auch findest. Danke.“

„Bitte“, sagt Gott. „Aber um auf die Sache mit dem Plan zurückzukommen, ich versuche halt, so gut wie möglich bei euch zu sein. Und ich hoffe einfach, dass ihr etwas davon merkt.“

„Auch bei denen, die ganz leise leiden, oder?“, frag ich.

„Ja“, sagt Gott leise. „Bei denen besonders.“

„Du hast gesagt, deine Wege seien nicht unsere Wege“, sag ich.

„Ja“, sagt Gott. „Kann sein. Glaub wohl.“

Wir schweigen eine Weile.

„Ist das o.k.?“, fragt Gott.

„Was?“, frag ich zurück.

„Das Leben und so“, sagt Gott.

„Jetzt bist du das mit den großen Fragen“, sag ich.

„Ach“, sagt Gott. „Ich hoffe so sehr, dass es o.k. ist.“

„Ich freu mich aufs Wasser“, sag ich. „Das wird schön. Und die Limo war echt lecker. Danke.“

„Komm, ich helf dir ein bisschen beim Packen“, sagt Gott und springt von der Fensterbank. „Die Klamotten sollen da vorne rein, oder?“

„Genau“, sag ich.

Wir packen zusammen die letzten Sachen ein und Gott hält den Rucksack zu, damit ich den Reißverschluss hochziehen kann.

„Voll die Symbolhandlung“, sag ich und lache.

„Was?“, fragt Gott.

„Na dass ich einen Rucksack tragen werde, den du gepackt hast“, sag ich.

„Ich glaub, du hast zu viel theologische Bücher gelesen“, sagt Gott und täuscht einen Boxhieb an. „Das ist nicht gut.“

Ich weiche zurück und lache noch mehr.

„Echt mal, ich will lieber nicht wissen, wie ihr auf solche Ideen kommt“, sagt Gott und hebt den Rucksack probeweise an. „Geht doch noch“, sagt Gott und lässt den Rucksack wieder fallen. „Und wehe, du sagst jetzt was von wegen jeder hat sein Päckchen zu tragen.“

„Und jede ihres“, sag ich.

„Heimatland“, sagt Gott.

„Na ja“, sag ich, „wir versuchen uns halt einen Reim drauf zu machen, wenn es schwer wird im Leben. Und es kann ja ein tröstlicher Gedanke sein, dass du unser Päckchen packst.“

„Ich fände es netter, wenn euch der Gedanke trösten würde, dass ich euch den Rucksack lieber leichter machen möchte“, sagt Gott. „Und dass ich darum versuche, ganz nah bei euch zu sein.“

„O.k.“, sag ich.

„Und dass ihr euch das nicht verdienen müsst“, sagt Gott.

„Zum Glück“, sag ich.

„Und wenn wir schon dabei sind, meinetwegen braucht ihr mir auch nicht immer für alles danke sagen“, sagt Gott.

„Nicht?“, frag ich.

„Ich kenn euch doch auch so“, sagt Gott. „Und ich wünsch mir einfach, dass ihr merken könnt, wenn ich da bin.“

„Aber immer mal wieder danke sagen macht das Leben schöner“, sag ich. „Solange man nicht dazu gedrängt wird.“

„Eben“, sagt Gott. „So rum wird ein Schuh draus.“

„Oder erstmal eine Sandale“, sag ich.

Gott lacht.

„Oder das“, sagt Gott. „Eine Dankbarkeits-Sandale. Oder zwei, damit du drin laufen kannst.“

„Du bist mal ’ne Nummer, Gott“, sag ich. „Ohne dich wär es echt langweilig.“

„Ohne dich auch“, sagt Gott. „So, hoppi-hoppi, du musst los. Gute Fahrt und so.“

„Danke“, sag ich. „Und ich denk an dich, wenn ich meinen Rucksack aufsetze, o.k.? Die Limoflaschen kannst du hierlassen, die nehm ich dann nachher mit.“

„Meinetwegen“, sagt Gott. „Hab es gut, und mach nix kaputt. Bis bald mal wieder.“

„Ja, bis bald mal wieder“, sag ich. „Und Amen.“

Glaubenskommunikation

Im Verband über den Glauben reden, das ist ein Dauerbrenner: Immer neu beschäftigen sich die Menschen in den Kinder- und Jugendverbänden damit, wie das gehen kann. Es gibt weniger Selbstverständlichkeiten und für jede der schnell wechselnden Generationen neue Herausforderungen.

„Was machst du da?“, frag ich Gott, obwohl ich ziemlich gut sehen kann, was Gott gerade macht.

„Oh, hallo“, sagt Gott und steckt das Röhrchen wieder in die kleine Flasche mit Flüssigkeit. „Ich mache Seifenblasen.“

„Das sehe ich“, sag ich.

„Gut“, sagt Gott und pustet sacht gegen eine große Blase, damit sie nicht in Richtung der Parkbank fliegt.

„Warum machst du Seifenblasen?“, frag ich und setze mich neben Gott auf die Bank.

„Dreimal darfst du raten“, sagt Gott.

„Öh“, sag ich.

„Nicht ganz“, sagt Gott.

„Deine Gedanken sind nicht meine Gedanken“, sag ich.

„Hehe“, sagt Gott. „Ja, das stimmt wohl.“

„Also warum?“, frag ich.

„Ich mache Glaubenskommunikation“, sagt Gott. „Glaub ich zumindest.“

„Oh“, sag ich. „Ich wusste nicht, dass man das mit Seifenblasen macht.“

„Man nicht, aber ich“, sagt Gott. „Willst du auch mal?“

„Gern“, sag ich und nehme die kleine Flasche und das Röhrchen in die Hände. Meine erste Seifenblase zerplatzt sofort.

„Sachter“, sagt Gott.

Ich probiere es nochmal und diesmal schaffe ich eine ganze Reihe kleiner Blasen.

„Und das ist jetzt also Glaubenskommunikation“, sag ich.

„Du wolltest das Wort unbedingt benutzen, nicht ich“, sagt Gott.

„Ich hab dich letzthin nur gefragt, was dir dazu einfällt“, sag ich.

„Eben“, sagt Gott. „Probier es doch noch mal.“

Ich puste vorsichtig und mir gelingt eine besonders schöne Seifenblase, die schillert und glänzt.

„Aber an dich glauben ist doch keine Seifenblase“, sag ich, als sie zerplatzt.

„Du hast ja auch nicht nach dem Glauben gefragt“, sagt Gott.

„Du bist heute aber mal sowas von auf der sprachlich korrekten Seite, echt mal“, sag ich.

„Darf ich nochmal?“, fragt Gott.

Ich gebe Gott Röhrchen und Flasche zurück.

„Danke“, sagt Gott.

Gott macht Seifenblasen, ich schaue zu. Die Frau, die mit ihrer Habe in einer Plastiktüte an uns vorbeihumpelt, bleibt auch eine Weile stehen und guckt. Der Wind trägt die Seifenblasen über die Wiese.

„Siehst du?“, sagt Gott.

„Ja“, sag ich. „Ich glaub wohl.“

„Lass hören“, sagt Gott.

„Absichtslos“, sag ich. „Behutsam. Ein bisschen Leichtigkeit ins Leben bringen. So in etwa?“

„Nicht schlecht“, sagt Gott.

„Dass ich auch mit viel Reden nicht gut beschreiben kann, warum ich jetzt so lange zugeguckt hab, obwohl ich genau gewusst hab, was kommt“, sag ich.

Gott guckt zufrieden.

„Und dass ich weiß, warum Seifenblasen entstehen, und dass ich es trotzdem nicht erklären kann, was daran so schön ist, das auch?“, frag ich.

„Ja“, sagt Gott. „Und dass du es ausprobieren musst. Und ein bisschen Zeit brauchst. Und damit klarkommen musst, dass die Welt im Ganzen nicht so viel anders aussieht.“

„Das hast du geschickt eingefädelt“, sag ich, „dass Seifenblasen physikalisch möglich sind.“

Gott lächelt zufrieden und schraubt das Fläschchen zu.

„Hier“, sagt Gott beiläufig und gibt es mir zum zweiten Mal. „Schenk ich dir.“

„Tragen Seifenblasen denn auch?“, frag ich und stecke das Fläschchen vorsichtig in die Jackentasche. „Also wenn es schwierig wird?“

„Vielleicht“, sagt Gott. „Du wirst es herausfinden.“

„O.k.“, sag ich.

„Und vergiss nicht, dass du der Frau mit der Plastiktüte noch ein Streuselbrötchen kaufen wolltest“, sagt Gott.

„Nein“, sag ich. „Vergess ich nicht.“

„Danke“, sagt Gott. „Dann habs mal gut, und bis bald mal wieder.“

„Hab du es auch gut“, sag ich. „Danke. Und Amen.“

Das vorerst letzte Gespräch

„Na, wie war dein Tag?“, frag ich, als Gott abends zur Tür hereinkommt.

„Ach“, sagt Gott und kommt mir hinterher in die Küche, wo Gott die Jacke über eine Stuhllehne legt, „ich hab schon wieder so vieles nicht ändern können.“

„Du warst da“, sag ich.

„Ja“, sagt Gott, nimmt die Vase mit dem Blumenstrauß vom Tisch, füllt sie am Spülbecken mit frischem Wasser und stellt sie zurück.

„Danke, das war nötig“, sag ich. „Auch ein Alt?“

„Gerne“, sagt Gott und setzt sich neben den Blumenstrauß auf den Tisch.

Ich hole zwei Flaschen aus dem Kühlschrank und setze mich zu Gott.

„Danke“, sagt Gott. „Prost.“

„Und, macht das einen Unterschied?“, frag ich. „Also dass du da warst?“

„Du stellst vielleicht Fragen, echt mal“, sagt Gott.

„Ich glaube, dass es einen Unterschied macht“, sag ich. „Aber ich hab auch keinen Vergleich.“

„Das stimmt“, sagt Gott. „Den hab nur ich.“

„Und?“, frag ich.

„Ohne euch hat es keine Freude gemacht“, sagt Gott. „Also das Gottsein.“

„Menschsein geht ganz gut ohne direkten Draht zu dir“, sag ich.

„Ja“, sagt Gott. „Ich bin ja auch mehr so diskret unterwegs. Aber manchmal, ey ...“

„Manchmal was?“, frag ich nach einer Weile.

„Manchmal… Da steh ich daneben und schaue und ihr tut mir so unfassbar leid und dann weiß ich nicht, ob es das wert ist“, sagt Gott.

„Oh“, sag ich.

„Aber ich wünsch mir das“, sagt Gott. „Dass ihr glücklich seid.“

„Das merk ich“, sag ich.

„Und manchmal bin ich so wütend über euch, echt mal“, sagt Gott.

Ich sage nichts.

„Und manchmal bin ich einfach nur froh, weil ihr glücklich seid, und dann würde ich mich euch am liebsten zeigen“, sagt Gott nach einer Pause. „Damit ihr wisst, dass ich dabei bin.“

„Ich glaub, das wissen wir dann auch so“, sag ich. „Mehr oder weniger.“

„Ich bin ja auch dabei, wenn ihr traurig seid“, sagt Gott.

„Ja“, sag ich.

„Du, Gott“, setze ich nach einer Weile neu an.

„Ja?“, sagt Gott.

„Ich mag das, mit dir zu reden“, sag ich. „Ich hoffe, wir machen das noch öfter.“

„Keine Sorge“, sagt Gott. „Was genau magst du daran?“

„Gute Frage“, sag ich. „Ich glaub, ich bin einfach gern in deiner Nähe.“

„O.k.“, sagt Gott. „Das scheint mir ein guter Anfang zu sein.“

„Oder ein guter Schluss“, sag ich. „Vorläufig.“

„Wir könnten uns darauf einigen, dass es ein gutes Zwischenfazit ist“, sagt Gott und steht auf.

„Einverstanden“, sag ich.

„Dann habs mal gut“, sagt Gott und stellt im Hinausgehen die Flasche in den Kasten.

„Bis bald mal wieder. Und Amen.“

Ein kleines *Was ist was*

Dreiländereck

Ausflugsziel bei Aachen: Hier grenzen Belgien, die Niederlande und Deutschland aneinander. Bis 1919, als es noch das neutrale Gebiet Moresnet als eigenständige Einheit gab (die Niederlande und Preußen hatten sich nicht über die Besitzverhältnisse der Kieselzinkerz- und Zinkspatgrube Kelmis einigen können, daher wurde das Gebiet nach dem Wiener Kongress für neutral erklärt), war es sogar ein Vierländereck. Am Dreiländereck befindet sich die höchste Erhebung des europäischen Staatsgebiets der Niederlande. Es gibt zwei Aussichtstürme, einen auf belgischem, einen auf niederländischem Gebiet. Außerdem gibt es belgisches Bier, belgische Fritten und niederländische Frikandeln, ein Labyrinth, einen Spielplatz, ein Mahnmal gegen den Krieg und viel Wald.

72-Stunden-Aktion

Die 72-Stunden-Aktion ist eine Sozialaktion der katholischen Kinder- und Jugendverbände, die alle paar Jahre veranstaltet wird: Im Verlauf von drei Tagen realisieren Kinder- und Jugendgruppen in ganz Deutschland und auch in Partnerländern Projekte, die sie sich selber vorgenommen haben und die ausdrücklich nicht dem eigenen Vorteil dienen. Es geht also nicht um die Neugestaltung des eigenen Gruppenraums, sondern um die Verschönerung eines öffentlichen Ortes; nicht um ein Fest für die eigenen Gruppenmitglieder, sondern für Bewohner*innen eines Seniorenzentrums, und so weiter.

→ https://www.72stunden.de

BDKJ-Diözesanversammlung/BDKJ-Hauptversammlung
Der Bund der Deutschen Katholischen Jugend (BDKJ) ist der Dachverband der katholischen Kinder- und Jugendverbände. Es gibt ihn auf Bundesebene und in 26 von 27 deutschen Diözesen. Die höchsten beschlussfassenden Gremien bestehen jeweils aus zwei Säulen: Alle Leitungen der Kinder- und Jugendverbände bilden zusammen mit den Leitungen der regionalen Gliederungen die Haupt- bzw. Diözesanversammlung. Auf Bundesebene sind das die Leitungen der Bundesverbände (von den Pfadfindern, der Christlichen Arbeiterjugend, der Katholischen jungen Gemeinde etc.) und die Leitungen der Diözesanverbände. Wie bei einem Farn wiederholt sich das gleiche Muster auf Diözesanebene: Dort kommen die Leitungen der Diözesanverbände mit den Leitungen der regionalen Zusammenschlüsse/Regionalverbände zusammen. Diese zwei Säulen stellen sicher, dass die spezifischen Merkmale aller Verbände auf der Versammlung genauso zur Geltung kommen wie die Regionen, in denen die Arbeit der Kinder- und Jugendverbände verortet sind.

Was die Versammlungen beschließen, wird vom jeweiligen gewählten Vorstand in die politische, kirchliche und gesellschaftliche Vertretungsarbeit mitgenommen, denn der BDKJ vertritt die Interessen der in ihm organisierten Kinder, Jugendlichen und jungen Erwachsenen gegenüber gewählten politischen Mandatsträger*innen und Gremien genauso wie gegenüber kirchlichen Verantwortungsträger*innen.

→ https://www.bdkj.de

→ https://www.bdkj-aachen.de

Rolleferberg/Rollef

Die Jugendbildungsstätte des BDKJ Aachen: ein Tagungshaus im Süden von Aachen für außerschulische Bildungsarbeit, für soziales und ökologisches Lernen, für Freizeiten und für Verbandstreffen. Die Leitung der Jugendbildungsstätte Rolleferberg liegt in der Verantwortung des BDKJ Aachen. Traditionell finden die Diözesanversammlungen hier statt.

→ https://www.rolleferberg.de

Aachener Dom

Der Aachener Dom, die erste Weltkulturerbestätte Deutschlands, geht zurück auf eine achteckige Pfalzkapelle, errichtet in karolingischer Zeit im Auftrag Karls des Großen. Das Achteck ist ein Zitat der frühchristlichen Taufkapellen Ravennas, die wiederum die Grabeskirche in Jerusalem als Vorbild haben.

→ https://www.aachenerdom.de

Schervierschwestern/Schervierstube

„Schervierschwestern" ist der Kurzname für den Orden der Armen Schwestern vom Heiligen Franziskus, gegründet im 19. Jahrhundert von der Aachener Industriellentochter Franziska Schervier. Franziskas Vater war Nadelfabrikant, seine Tochter hatte schon als Mädchen den Wunsch, sich für die Armen einzusetzen, deren Lage in der Zeit der Industrialisierung mehr als prekär war: Kinderarbeit, schlechte Arbeitsbedingungen, schlechte Wohnverhältnisse. Beeinflusst durch die Lehrerin Luise Hensel wurden Franziska Schervier und ihre Freundinnen Clara Fey und Pauline von Mallinckrodt zu

Ordensgründerinnen, die sich jeweils spezifischer Nöte ihrer Zeit annahmen: Pauline von Mallinckrodt engagierte sich für Blinde und Sehbehinderte, Clara Fey für die Mädchenbildung und Franziska für die Armen. Ihr Engagement wurde von der Aachener Bevölkerung wie auch von den kirchlichen Autoritäten gleichermaßen anerkannt wie kritisch beäugt. Franziska Schervier wurde 1974 seliggesprochen. Heute engagieren sich die Schervierschwestern vor allem in der Altenhilfe und für wohnungslose Menschen. Die Schervierstube in Aachen ist im Mutterhaus des Ordens untergebracht, hier gibt es sowohl ein tägliches Frühstücksangebot für wohnungslose Menschen und Menschen in Not als auch eine Kleiderkammer und Gelegenheit zur Sozialberatung.

→ https://www.schervier-orden.de

Streuselbrötchen

Aachener Gebäckspezialität, nicht ganz so bekannt wie die Aachener Printen. Anders als Printen sind Streuselbrötchen kein Dauergebäck, sondern schmecken frisch am besten: Auf einer Basis aus süßem Hefeteig kubbeln sich fettig-süße Streusel.

Aachener Printen

kommen in diesen Geschichten nicht vor. Das sollte sich in Zukunft ändern. Printen sind ein Lebkuchengebäck, das in Aachen ganzjährig gebacken und gegessen wird.

Karl-Rahner-Akademie

Die Karl-Rahner-Akademie ist eine selbständige katholische Akademie in Köln. Sie wird von einem Verein getragen und bietet ein vielfältiges Programm der katholischen Erwachsenenbildung an.

→ https://www.karl-rahner-akademie.de

Braunkohletagebau

Im Bistum Aachen liegen große Braunkohlevorkommen, die der Energiewende zum Trotz noch abgebaggert werden. Immer wieder müssen dafür noch Dörfer weichen. Das Ausmaß des Eingriffs in Boden und Landschaft steht in einem merkwürdigen Missverhältnis zur öffentlichen Wahrnehmung. Man kann ganz in der Nähe, also zum Beispiel in Aachen, wohnen und von dieser unfassbar großen Grube nichts mitbekommen, außer wenn es eine Aktion von Kohlegegner*innen in die Lokal- oder sogar in die überregionalen Medien schafft. Zu den zuletzt umkämpften Dörfern gehört Morschenich, ein Ortsteil der Gemeinde Merzenich im Kreis Düren.

Lebensraum Kirche

Eine ökumenische Initiative in St. Augustin, die beim örtlichen Einkaufszentrum ihre Basis hat: Damit Kirche da ist, wo die Menschen sind.

→ https://www.lebensraum-kirche.de

Zeitfenster Aachen

wurde als Katholische Gemeinde im Jahr 2010 in Aachen gegründet mit dem Ziel, vom Glauben so zu erzählen und so zu feiern, dass es für kirchenungeübte Menschen heute relevant ist und berührt. Motto: Gute Musik, entspannte Leute, normale Sprache.

→ http://www.zeitfenster-aachen.de